基金项目：秦皇岛市科学技术研究与发展计划"秦皇岛学术期刊及出版行业与科技创新成果合作机制模式研究"（201805A191）成果；秦皇岛市社会发展研究课题"大学精神视域下高校学术期刊对哲学社会科学发展的引领作用研究"（2020-032）成果

大学精神视域下

高校学术期刊发展路径研究

孙菊 著

燕山大学出版社

·秦皇岛·

图书在版编目（CIP）数据

大学精神视域下高校学术期刊发展路径研究 / 孙菊著. —秦皇岛：燕山大学出版社，2020.7
ISBN 978-7-81142-180-4

Ⅰ．①大… Ⅱ．①孙… Ⅲ．①高等学校－学术期刊－研究－中国
Ⅳ．① G237.5

中国版本图书馆 CIP 数据核字（2020）第 078300 号

大学精神视域下高校学术期刊发展路径研究

孙　菊　著

出 版 人：陈　玉
责任编辑：孙志强
封面设计：吴　波
出版发行：燕山大学出版社 YANSHAN UNIVERSITY PRESS
地　　址：河北省秦皇岛市河北大街西段 438 号
邮政编码：066004
电　　话：0335-8387555
印　　刷：英格拉姆印刷(固安)有限公司
经　　销：全国新华书店

开　　本：700mm×1000mm　1 / 16　　印　　张：14　字　　数：210 千字
版　　次：2020 年 7 月第 1 版　　　　　印　　次：2020 年 7 月第 1 次印刷
书　　号：ISBN 978-7-81142-180-4
定　　价：60.00 元

序　言

罗生全

教育部青年长江学者、
西南大学教育学部教授、博士生导师

　　自意大利波洛尼亚大学诞生以来，大学的存续与发展一直与知识生产密切相关。尽管在随后的发展历程中，大学功能丰富为人才培养、科学研究与服务社会，但从约翰·亨利·纽曼肯定大学存在价值开始，知识传承与创新便已成为彰显大学价值的重要使命。可以说，从中世纪大学产生直至今日，漫长的使命坚守之路，厚植了大学特有的文化精神和学术品性，成为大学持续发展的精神内核与实践动力。高校学术期刊作为大学事业的重要组成部分，被其赋予传播知识与思想重要职能的同时，也在厚重的大学精神的关照下不断获得文化给养达至生命的重生。历时发展积淀的大学精神，不仅使高校学术期刊的办刊方向、学术自律、出版方式和品牌塑造逐步地得以明确，而且推动着整个高校发展理念与实践活动的不断革新。

　　基于大学精神对整个高校建设及其学术期刊发展发挥的重要作用和研究氛围的集体创设，同时也基于为促进大学精神视域下高校学术期刊发展路径之进一步研究添砖加瓦的责任感，燕山大学《教学研究》孙菊副主编较长时间以来，潜心致力于大学精神与高校学术期刊发展间内在关联的有益探索，并同时将探索所得在大学运行的生态系统中加以展现和检视，最终形成了具有很高学术价值的成果。作为一本专门研究高校学术期刊发展的著作，本书的主要特点有：一是借助于较广的视野和较清晰的思路，勾勒出高校学术期刊研究的范围、边界和发展图景，这有利于在今后的研究中进一步明确高校学术期刊发展取向与大学内涵式建设的关系。二是努力构建一个较为完整的且逻辑较为严密的体系结构，这一体系结构主要包括主体论、关系论、作用论和发展论四大块。其中，"主体论"阐述了大学精神释义和高校学术期刊及其功能两个部分；"关系论"论述了大学精神与高校办刊的关系嵌套、系统科学思维作用下大学精神和高校及其期刊发展的内在机理以及大学生态系统与高校学术期刊的内在规约三个基本环节；"作用论"重点阐释了高校学术期刊对高校发展的关键作用；"发展论"强调了高校学术期刊的编辑工作、评价制度、出版建设和品牌塑造四个常规步骤。三是对大学精神视域下高校学术期刊的一些具体问题进行了一些新意的探讨，如在系统理论指导下如何厘定大学精神、高校及其主办学术期刊的内在关系，等等。四是努力将高校学术期刊发展同大学发展与文化精神积淀以至整个社会生活实际相联系和融通，以求提高高校学术期刊发展路径研究的科学性和生命力。总之，本书为我们理解、分析和解决有关高校学术期刊发展路径问题提供了一种有益思路，我们相信它将对我国特色的高校学术期刊建设方略的本土挖掘、中国大学文化精神的价值彰显乃至高等教育发展的国际化走向做出一定的贡献。

当然，创新型学术专著的贡献不仅仅在于产生有学术价值的观点、理论和体系，更在于提出和发展更有价值的问题，对于大学精神与编辑出版的深层次关系、编辑出版的质量评价制度机制以及大学学术生态系统范畴和建设等问题，是本著作为我们留下的进一步学术研究空间，相信会有更多研究者加入相关领域研究，弘扬学术，创新研究。

是为序。

2020 年 5 月于重庆

目　录

大学精神及其实质

第一节　大学与高等教育

高等教育是一个历史的概念，起源可追溯到中国的先秦、西方的希腊与罗马，近代高等教育的直接源头是中世纪的大学。大学是从事高等教育的场所，中世纪时大学教育即高等教育。随着时代的变革与社会的发展，大学从事的活动不仅仅限于教育与人才培养，高等教育也不仅仅囿于大学校园之中。高等教育呈现出层次与形式的多样化，比如研究型大学、社区学院、开放大学、广播电视大学、成人大学，以 MOOC 为代表的在线教育，这些都赋予高等教育新的内涵。高校成为高等教育的实施机构之一，与高等教育不再完全等同，产生了复杂的交叉关系。二者关系可划分为四个发展阶段，研究此变化发展的历程可以了解不同时代教育家引领当时思想前沿的治学理念，进而反思现阶段高校学术期刊（即高校主办学术期刊）在智媒体时代与多种评刊体系指标的参照下，该秉承何种思想指引办刊之路，继而引领国内外科学研究的发展方向。

一、传统大学与高等教育的关系

高等教育是近代历史的产物，其制度化形态最早可以追溯到中世纪大学。著名的神学家、教育家、红衣大主教约翰·亨利·纽曼（John Henry Newman）首先对传统大学提出了系统且明确的定义。1852 年，他在都柏林新天主教大学发表系列演讲以系统阐述他的大学主张，并于 1853 年整理出版《大学的理想》（The Idea of a University），他认为大学应该实施博雅教育（liberal education），这是一个培养绅士的场所；自由（liberal）是大学和绅士所具有的特质，而自由正如亚里士多德所言"自由的东西用以享受。……所谓享受，则指除了使用之外，不会带来任何结果"[①]。本质在于"讲授知识"，为大学描绘出理智的疆域，"在那里对任何一边不侵犯也不屈服"，它培养一个"能胜任任何职位，并容易掌握任何一门科学"的人。在纽曼的思想中，他认为大学应该兼容并包，包含所有思想，讲授所有知识；

---

① 约翰·亨利·纽曼.大学的理想 [M].徐辉，顾建新，何曙荣，译.杭州：浙江教育出版社，2001：22-29.

大学的科研要与教学相分离，以对知识传授过程的单纯性进行保护。纽曼的思想对英国高等教育产生深远的影响，比如历史悠久的牛津大学。

直至 19 世纪，人们认为大学仅是"人才培养的场所"，将高等教育等同于大学教育。

二、"现代大学"与高等教育的关系

现代大学与中古大学的根本区别在于：中古将知识置于宗教的范畴之中，现代则把知识放在科学的体系之中。"中古的生活原则是权威，现代的生活原则是自由。"[①]1810 年，生活在启蒙运动高峰期的威廉·冯·洪堡（Wilhelm von Humboldt）在新人文思想的指导下建立了柏林大学，并强调了科学研究在大学工作中的地位。他认为，所有教育都应该指向普通人，也就是当今所说的"通识教育"和"通才教育"；特殊教育是对普通教育的补充；大学教育的任务是个性培养与科学探索相结合。首先，大学是一个享有一定自治和自由的探索高深学问的学者社团；其次，大学是学术机构的顶峰，是带有研究行为的高等学术机构，"它总是把科学当作一个完全没有解决的难题来看待，它因此也总是处于研究探索之中"[②]；最后，大学应受到国家保护，不受国家控制，享有完全自主的地位。都柏林大学提出了"大学自治与学术自由""教学与科研相统一""学与术分家"的理念，并把学术与科学研究引入大学，大学活动范围扩大，大学的职能除了传授知识还增加了发展科学的职能。1814—1914 年，数以万计的美国青年赴德国的大学学习，其中一些人学成后归国成为美国高等教育制度的奠基人与学术巨人，奠定了美国高等教育在世界上的地位。如今，美国已成为世界高等教育最发达的国家之一，教育的发展为其每一次历史上经济与社会的大发展奠定了基础。

美国教育批评家亚伯拉罕·弗莱克斯纳（Abraham Flexner）系统地阐述了德国大学的理念，肯定了科学研究在大学中的重要地位，认为大学存在

---

① 孟承宪.现代大学的思想和组织[C]//杨东平.大学精神.沈阳：辽海出版社，2000：114.

② 威廉·冯·洪堡.论柏林高等学术机构的内部和外部组织[J].陈洪捷，译.高等教育论坛，1987（1）：93.

之目的不只在于发展知识，也在培养人才；反对大学开设职业训练；对大学服务社会的功能，要保持学术本色；不宜以社会风向和喜恶所改变，即大学应紧跟时代而改变，但也要有相应的"度"，只能满足"what the society needs"，而不是"what the society wants"。他还认为，人类处于物质主义时代，"有用"这个概念已经过于狭窄，无法适应当时人们精神层面的需求与变化莫测的社会发展现状；更需要重视"无用"，事实上很多改变人类发展轨迹的伟大发现与发明都是建立在好奇心和智力需求之上，而并非实用愿望所推动的，比如说电的发现与使用。

到 20 世纪上半叶，大学已肩负教学、培养人才和发展科学的使命。

三、多元化巨型大学与高等教育的关系

1963 年，克拉克·科尔（Clark Kerr）在哈佛大学戈德金讲座上提出了"多元化巨型大学"的概念，其具有"若干个目标""若干个种客户服务"。如果说大学在产生初始时期是一个"乡村"，那现代大学可谓是一个"乡镇"，而多元化大学则可称之为"城市"。多元化的巨型大学不仅具备人才培养和科学研究的功能，还要服务于社会，满足社会各个层面的需要，成为社会的"服务站"。科尔在《美国高等教育的伟大转型：1960—1961》一书中，将高等教育的职能归纳为三点：生产职能、消费职能与公民职能。他认为，大学的使命为以下四点：一是促进教育民族化与国际化的统一，二是促进精英教育、大众教育和普及化教育的协调发展，三是重塑学者道德与学术文化，最后是促进个人能力和现代社会的发展[1]。科尔的高等教育思想引领了美国高等教育从精英教育到大众教育转变，成为世界高等教育史中里程碑式的人物，被誉为"当代美国高等教育改革的设计师"[2]。

大学与高等教育的发展进程证明了科尔的分析与判断。大学的数量越来越多，占地面积也越来越大，并开始与各领域展开合作。1862 年，美国

---

[1] 邬大光，施小光.高等教育的历史责任——克拉克·科尔《高等教育无法逃避历史责任》述评[J].高等教育研究，1996（1）：88-93.

[2] Arthur Levine. Higher learning in American，1980—2000[M]. Baltimore：The John Hopkins University Press，1994.

总统林肯签署了《莫里尔法案》，通过赠予公共土地或相等土地期票的方式，资助各州建立一所从事农业机械工程教育的学院，课程设置要求与农业和机械专业相关，从而开启了美国高等教育史上的"赠地时代"。如果说洪堡的教育思想与举措为美国高等教育的迅速发展奠定了人才基础，那么"赠地"为美国大学和高等教育的发展提供了办学的场所与保障。"教育消费时代"与高等教育大众化时代到来，这与之前纽曼与弗莱克斯纳的教育理念相左。

至此，高等教育呈现高度多样化，与大学的关系发生颠覆性的变革。

四、"前瞻性大学"

1995 年，联合国教科文组织出版了《促进高等教育变革与发展的政策性文件》，提出建立"前瞻性大学"（pro-active university），至此大学不仅是培养人才和发展知识的机构，而且参与到广泛的社会活动中来，成为地区、国家乃至全球问题的自觉参与者与积极组织者，进一步提升与突出了社会的中心位置。1998 年 10 月，世界高等教育会议通过了《21 世纪高等教育：展望和行动》及《高等教育改革与发展的优先行动框架》。

附录一

第一条　教育、培训和开展研究的使命。高等教育的基本使命和作用，特别是促进整个社会可持续发展和进步的使命应该得到保持、加强和进一步扩大。主要包括：（1）培养合格的毕业生和满足人类各方面活动需要的负责任公民；（2）提供高等教育和终身教育的各种机会，使学生有入学和退学的机会和灵活性个人发展和社会流动的机会；（3）通过研究去创造、发展和传播知识；（4）帮助在文化多元化和多样性的环境中理解、体现、保护、增强、促进和传播民族文化和地区文化以及国际文化和历史文化；（5）对青年进行奠定民主公民意识之基础的价值观培训，并提供加强人道主义批判性的和公正的看法，保护和增强社会价值观；（6）促进各级教育，包括师资培训的发展和进步。

第二条　伦理作用、自治、责任和预测功能。高等院校及其师生应当：（1）坚持严格的伦理准则和严谨的科学态度和学风，保持和发挥自己的重要作用；（2）完全独立和充分负责地对伦理、文化和社会问题坦率地发表意见，成为社会的知识权威，以帮助社会去思考、理解和行动；（3）通过不断分析社会、经济、文化和社会趋势，增强批判功能和前瞻功能并成为预测、警报和预防中心；（4）发挥智力与道德影响力，捍卫和积极传播被普遍接受的价值观，包括和平、正义、自由、平等和团结；（5）充分享有学术自由和自主权，同时对社会尽职尽责；（6）帮助确定和解决影响社会、国家和全球福祉问题。[1]

第二节　大学精神

　　大学随着教育的发展而形成，在人类文明进步过程中的作用无可替代。大学的职能包括教学、科研与社会服务，并以人才培养为根本任务。大学精神在高等教育与大学的形成发展中不断传承、发扬，既经历了时间的积淀，又具备时代的特征，是教育自身发展的结果，也是社会不断进步的需要。大学使命的完成需要大学精神，培养具备内涵、明辨是非的人才需要大学精神，在学术期刊办刊过程中同样需要大学精神的引领。就我国而言，现代大学精神与学人办刊紧密相连，成为百年大学出版史上浓重的一笔，也是中国思想、学术多元化的重要表征。学人办刊是学者作为期刊的主要创办者与编辑，对大学文化理念、学术研究起到促进作用的出版传播行为。

　　中国现代高等教育的发展主要借鉴西方。清朝末年到民国初期，高等教育的发展主要借鉴日本，"五四"之后借鉴美国，20世纪50年代之后借鉴苏联。以1917年蔡元培北京大学改制为起点，中国现代大学的百年历史中涌现了北京大学、清华大学等一批排名世界前列的高校。其中，大学精神在这些高校乃至整个社会的发展历程中功不可没。大学精神、大学制度、教育家与大师的诞生，是一个共生的过程[2]。中国的大学精神，以北大精神为代表[3]。

---

① 杨德广，谢安邦.高等教育学[M].北京：高等教育出版社，2009：55-62.

② 杨东平.大学精神[M].上海：文汇出版社，2003：序言.

③ 冷余生.大学精神的困惑[J].高等教育研究，2003（1）：1-5.

一、大学精神

大学是以学术为基础、高度专业化、由诸多利益相关者耦合而成的组织。"大学要传递高品位文化，培养高级人才，研究高层次学问，更应该有自己的精神"①。大学精神，以一种意识的而非物质的表现形式存在。对于什么是大学精神，许多学者做出不同的定义。有的学者就精神要素方面界定，有的学者从功能上划分。王文帅认为狭义上的大学精神等同于办学精神②。程光泉认为大学精神是人们投射到大学这种社会设置上的一种精神祈望与价值建构，是大学在自身存在和发展中积淀而成的、具有独特气质的精神形式和文明成果，是大学发展的理想、信念和价值追求，是大学的本质特征在精神层面的反映，是大学的灵魂与生命源泉③。韩延明就大学精神做出广义与狭义的区分，广义的大学精神指各类大学所普遍存在的优良校风、相对稳定的群体心理定式和精神状态；狭义的大学精神是一所大学在长期的教育实践中积淀的特定的高校精神的人格化和个性化，是最富典型意义的精神特征，是一所大学整体精神风貌、水平、质量、效益及凝聚力、感召力和生命力的体现④。

本研究认为"大学精神"是整个大学在一定历史发展过程中逐步形成和培育起来的一种群体意识，不等同于校园文化、校风等，而是一所大学体现出来的生命力、创造力、凝聚力等整体的精神面貌，是一所大学共同的思想品格、价值取向和道德规范的综合体现，是学校存在与发展的精神支柱，也是办学理念在实践中的逐步完善和升华，进而在自身办学历史过程中所形成的一种独特的文化积淀⑤。

正如弗莱克斯纳所言："总的来说，在保障大学的高水准方面，大学精

---

① 刘献军.大学之思与大学之治 [M].武汉：华中理工大学出版社，2000：59.
② 王文帅，霍平丽.西南联大的办学精神及其启示 [J].高等教育管理，2009（1）：44-47.
③ 程光泉.哲学视野下的大学理念、大学精神、大学文化 [J].北京师范大学学报（社会科学版），2010（1）：121-126.
④ 韩延明.大学理念论纲 [M].北京：人民教育出版社，2003：83.
⑤ 李有亮.大学精神的缺失与重建 [J].现代大学教育，2009（5）：1-6.

神比任何设施、任何组织都更有效。"①一方面，大学精神作为一种文化被大学人内化，成为学人的内心和气质，在大学发展中发挥着凝聚、激励、导向和保障作用；另一方面，大学精神也作为一种高层次的优秀文化，可以辐射到社会中去，对人们的思维方式、价值观念和行为规范产生积极的影响，从而为大学的发展构建适宜的环境②。

二、大学文化与大学精神

明晰大学文化与大学精神的关系，有助于进一步理解大学精神的意义。大学精神，属于校园文化的一部分，是校园文化的灵魂与核心③，为处于统领位置的较高层次结构，对大学的发展起着至关重要的作用。大学文化一般可分为大学设施、大学制度与大学精神三个层面。三者相互联系、相互支撑。

（一）大学设施

大学设施为第一层面，属于物质层面，也是大学制度与大学精神存在的基础。随着经济社会的发展，国家对高等教育的政策不断调整，尤其是1999年《面向21世纪教育振兴行动计划》实施以来，高校招生人数大幅增加，高校办学思想中的产业因素不断加大，各级高校办学条件普遍得到了改善，除办学面积得到扩展，许多高校还建起了外观新颖、功能完备的新校区和分校区，新的教学楼、宿舍楼、校园景观（人工街道、湖泊等）、食堂等。相比多年前，为学生们提供了更为优质的求学体验。良好的大学设施为高校提高办学水平提供了物质基础。

（二）大学制度

大学制度为第二层面，介于大学设施与大学精神之间，属于二者的黏合剂，既有书面等物质形态存在的部分，又有精神层面的意义。有学者认为，现代大学制度包括"根""魂""骨架"三个部分，分别对应的是以大学章程为代表的国家完整法律体系、以大学使命宣言所体现的大学精神与核

---

① Abraham Flexner. Universities：American English German [M].Oxford：Oxford University Press，1930.

② 刘宝存.何为大学精神 [J].高教探索，2001（3）：13-15.

③ 张建国.大学精神视角下的校园文化建设 [J].教育研究，2010（3）：104-108.

心价值、以大学治理体系所支撑的大学组织制度与运行机制①。其具备普适性、时代性、效率性与法制性等特征。完善合理的法律章程为大学发展提供良好的外部大环境，这对高等教育的生存环境至关重要，同时也体现出政府对大学的控制程度。大学的发展水平，往往并非取决于其规模和某些指标，而是取决于基础性制度的完备程度。

大学使命凸显大学的核心价值观，是表明大学目的、职能和存在价值的综合体，是人们对大学组织所必须承担社会责任的一种认可，也是社会对大学组织应有价值的一种判断和要求。大学使命具体体现为大学组织的宗旨、目的和理想②。治理体系以合法为基础，以使命为引领，是支撑整个大学不断前行的必要环节。大学需构建健全的组织框架，确立完整的规章制度，在大学内部中考虑大学不同利益群体间（党委、校长、校务委员会、学术委员会、学院、教授、学生、行政人员等）的权责分配、角色关系及功能重构等。要明确各个机构的性质、职能、边界问题，防止各自为政问题的产生。要真正维护学术的独立性，建立合理完善的薪酬考核机制，以满足广大师生的诉求。

（三）大学精神

大学精神为第三层面，如上所述，是一所大学的"精""气""神"，作为高校最为内在部分，需要时间的积淀，是科学精神的时代标志与具体凝聚。大学显性要素融合后成为自身独特的精神本质，以隐形形式长久作用于高校的每一名师生，它是大学自身赖以生存、发展的需要，也是社会进步的动力之一。有学者将大学精神的实质概括为创造精神、批判精神和社会关怀精神，既是科学发展的动力，也是人类社会文明进步的基础。大学精神属于意识形态，需要大学设施与制度提供有形的物质保障。

---

① 史静寰. 现代大学制度建设需要"根"、"魂"及"骨架"[J]. 中国高教研究, 2014（4）：1-6.

② 眭依凡. 大学使命：大学的定位理念及实践意义 [J]. 教育发展研究, 2000（9）：18-22.

第三节　特色办学与大学精神

一、大学精神是高校特色办学的灵魂

大学属于规范形式的组织，伯顿·克拉克认为高教组织结构具有松散性和多元化的特点，大学精神更像一种"信念"，是一种"主要规范和价值观"，是一种"学术文化"[①]。我国一些学者从大学办学历史上形成的文化角度来分析大学精神，比如，以清华大学为例，朱自清先生认为清华大学的大学精神为"实干精神"，另一些学者认为清华精神除包含"实干精神"还有"耻不如人"的爱国精神和科学精神[②]；以北京大学为例，鲁迅先生认为北大精神就是进取精神、"常为新"精神即创新精神，马寅初等人认为北大精神是"牺牲精神"；以南开大学为例，有学者认为南开大学具有"允公允能，日新月异"和"爱国、敬业、创新、乐群"的传统。综上可以认为，大学精神是大学办学过程中形成的具有稳定特性的长期存在的理想、信念、价值观和行为准则等，是高校特色办学的灵魂[③]。

（一）大学精神与大学理念

大学理念又称高等教育理念，是教育理念在高等教育机构中的体现，分为经典大学理念和现代大学理念等。经典大学理念指"学术自由""学术自治""教授治校"等对大学如何保存、传递、发展知识等问题的把握，更注重如何培养人。现代大学理念注重如何培养适应知识经济时代要求的高素质创新人才，特别注重人文精神、创新精神和科学精神的统一[④]。可以说，不同历史时期和社会发展阶段，教育理念也有诸多区别。当代大学该如何在现实与理想、物质与精神之间为自己定位，进而完成自身的使命，已成为大学面临的核心问题。

（二）大学精神与大学理念的不同之处

大学精神和大学理念的不同之处，具体有以下三点。

① 伯顿·克拉克.高等教育系统 [M].王承绪，等译.杭州：杭州大学出版社，1988.
② 徐葆耕.紫色清华 [M].北京：民族出版社，2001.
③ 王志刚.大学精神是高校办学特色的灵魂 [J].中国高教研究，2003（7）：13-16.
④ 王冀生.试论现代大学的教育理念 [J].中国高等教育，1994（4）：7-9.

首先，形成时间不同。大学精神经历了长久的历史积淀，不可能在短时间内形成，见证了师生长时间的共同努力。

其次，参与层次不同。大学精神需要高校领导层的参与，也需要存于大学的群体意识之中；清晰的大学理念与大学领导层关系更为密切，与普通教师和学生关系相对较弱。

最后，紧密度不同。大学精神具有较大的主观能动性，与师生联系更为紧密，并具有时间上的传承性，影响着大学人的心理状态、价值观和行为等。

所以，大学精神具有更长的时间跨度，作用于人才培养的整个过程。大学理念既要体现时代要求，又要体现大学精神，以满足社会发展需要为重。

（三）大学精神对高校特色办学的深远影响

大学精神影响较为深远，具体表现为如下几个方面。

1. 导向和规范作用

大学精神在学校的精神层面、文化层面、制度层面，在办学指导思想、目标定位、发展思路、规章制度、价值取向、学术规范、校园文化建设、教学质量保障体系的构建等诸多方面都有所体现。校训，作为制度化的大学精神，将学校的办学特色、师生员工的价值观取向等渗透到学校日常工作中去，涉及师师关系、师生关系、生生关系，以及师德、学风、学术道德等问题。

2. 凝聚和激励作用

大学精神通过深厚的文化传统积淀，逐渐成为大学人深层次的群体意识，成为学校的形象。"在一起工作了几十年的人们，会形成关于'他们'的组织的某种共同的感情；这是一套信念，它有助于确定他们在生活中的地位，也使他们把如此多的时间和精力贡献给特定的组织这一事实获得意义。共同的象征物提供的意义是一种奖赏，它的作用超过由于做出了如此多的贡献而得到的物质奖赏。"[①]

3. 熏陶和感染作用

精神具有渗透性，通过教师对学生在思想、道德、意识、价值观等方面的影响，进而陶冶、启发学生，并形成一定的氛围。教师们的治学态度、

---

① 伯顿·克拉克.高等教育系统 [M].王承绪，等译.杭州：杭州大学出版社，1988.

学术理念、言行作风影响潜在且深远。

二、将大学精神融入高校办学之中

目前，基本上每所大学都有着自己的办学理念、特色和业绩，但只有部分大学具有自己独特的"精神"①。大学精神与大学制度，同属于大学文化的一部分。相对于大学制度而言，大学精神属于"精""气""神"部分。大学制度往往以文件等物质形态存在，属于看得见、摸得着的部分。因此，要将大学精神融入高校办学中，大学制度建设必不可少，具体包括以下三点。

（一）领导层意识和制度建设为首要条件

大学通过制度建设，规范校内学生的学风、教师的工作作风、科研风气和学校的校风。在学校的教育、校领导和模范人物的带动作用下，以及物质文化的支撑和保证下，对校内的健康和积极行为进行正确引导，对校内的错误行为采取相应的惩戒措施。以高校学术期刊为例，领导层的重视程度与体现支持程度的制度建设必不可少。

（二）校训是大学精神与办学理念的凝练

校训是广大师生共同遵守的基本行为准则与道德规范，是一个学校办学理念、治校精神的反映，也是校园文化建设的重要内容，是一所学校教风、学风、校风的集中表现，体现大学文化精神的核心内容，也是校风的浓缩和高度概括，体现了大学办学的特色之处。如图1-1和图1-2所示，清华大学将校训"自强不息，厚德载物"标示于校徽之上，也置于校园景观之中。

图1-1 清华大学校徽上的校训

① 徐葆耕 . 紫色清华 [M]. 北京：民族出版社，2001：1.

图 1-2　清华大学校园景观中的校训

（三）对教师和教学的要求必不可少

在学校课程设置上，除专业基础课等课程外，增设提升人文素质课程、课外活动和社团组织等，丰富学生的课余文化生活，为学生提供自我展示的机会，提高综合素质与能力，进一步传播校园文化。正如清华大学校长邱勇所言："人文精神重在'养育'二字，要避免功利思维，具备长远眼光，更加尊重学者，更加重视基础，进一步提升校园的人文气息，营造浓厚的文化氛围。"[①] 同时，教师是大学精神的载体之一，高校要强调教师在教学过程中合理教学方法的使用，比如要"善诱""善喻"，使用"治学之精神与思想之方法"，在"意志之坚强""情绪之稳称"等方面为学生"树立楷模"。

首先，为实现办学目标制定发展战略，进行教学质量工程建设。保证教学的中心地位，在实际工作中强调教学的重要性；深化教学改革，不断打造精品课程体系。比如，以提升教学质量为核心的专业教师团队建设，加强原有的优势学科建设，培植新的专业，发展应用交叉性学科等。通过多种途径打造精品课程和优质教学团队，通过专家（督导团）听课并打分、学生座谈、听取汇报、查阅资料等方式，进一步监督教师的授课质量。

其次，构建教材准入制度，完善信息反馈机制。集中资源进行教材建设，选用经典的高质量教材；推进双语教学教材引进工作，把握"择优选用"

---

① 邱勇.正是因清华文科的发展，清华才成为真正意义上的综合性大学 [EB/OL].（2020-04-21）[2020-04-25]. https：//baijiahao.baidu.com/s?id=1664512513975419987&wfr=spider&for=pc.

的原则；鼓励教师根据实际需要编写适用的教材。比如，南开大学先后组织编写了多部依托于本校学科的优秀教材。陈洪教授的《大学语文》被列入"高教百门精品课程教材建设计划"重点项目。逄锦聚教授等编写的《政治经济学》获得2005年国家级教学成果一等奖；编写的《马克思主义基本原理概论》作为中央马克思主义理论研究和建设工程的重点教材，在全国范围内被使用并受到好评[①]。

再次，以提升教学质量为抓手，加强教师队伍建设。实施人才强校战略，加强教师的梯队建设，注重青年人才的储备工作，吸引高水平人才。为激励教师，建立相应奖励机制与名师团队等。

第四节　"西南联大精神"与"北大精神"

每所大学都应有自己的大学精神，这对大学自身的生存发展起着至关重要的作用。纵观中国历史，一些在历史长河中扮演重要角色的高校的大学精神也具有独特的历史特征，值得传承与不断发扬并为其他高校提供借鉴。本研究以"西南联大精神"与"北大精神"为例，对两者的内涵和作用进行分析。

一、"西南联大精神"

国立西南联合大学（以下简称"西南联大"）在日本入侵、祖国蒙难的年代，办学8年多，硬件条件恶劣，却培养出包括享誉海内外学者在内的大量人才，在世界高等教育史上堪称奇迹。1937年，日本发动七七事变，开始了全面侵华战争，北平、天津沦陷。北京大学、清华大学、南开大学迁至长沙组建临时大学，后随战局的不断恶化，搬迁至昆明，改名为国立西南联合大学。抗战结束，1946年5月，三所高校迁回原址办学。西南联大（图1-3）共培养学生8 000余名，其中本科生2 522人，研究生65人[②]。除此之外，西南联大还培养出后来的诺贝尔奖获得者杨政宁和李政道，成长为"两弹一星"元勋的屠守锷、邓稼先等人，以及80位中国科学院院士和12位中

---

①　孙菊.高校教材选用面临问题及对策研究[J].教学研究，2015（3）：58-61.

②　丰捷.西南联大：永存的精神力量[N].光明日报，2007-10-29（3）.

国工程院院士。西南联大精神可概括为以下几点。

图1-3 西南联大校址

（一）刚毅坚卓，自强不息

西南联大以"刚毅坚卓"为校训，具有鲜明的时代特征。广大师生不忘以振国兴邦为己任，不畏困境、锲而不舍、和谐团结，不断地追求卓越。在物质资源匮乏、社会动荡的时代，学习条件存在经费不足、校舍简陋、设施不全等问题；生活条件也非常艰苦，师生受到饥饿、贫困、疾病的困扰。学生上课的教室是土坯墙，图书馆的桌子是汽油桶和箱子叠成的书架，宿舍是40人一间的房子，换成草屋顶后漏雨（图1-4）。物理实验室只有一个电压表，教师只能将其挂在墙上，以加强学生的感性认识。正如梅贻琦所言："所谓大学者，非谓有大楼之谓也，有大师之谓也。"[①]在这样的环

图1-4 西南联大校舍

---

① 王文帅，霍平丽.西南联大的办学精神及启示[J].高校教育管理，2009，3（1）：44-47.

境下，一批学者完成了对后来专业研究有巨大影响的著作，如华罗庚的《堆垒素数论》、闻一多的《楚辞校补》、冯友兰的"贞元六书"（《新理学》《新事论》《新世训》《新原人》《新原道》《新知言》）等。

（二）学术自由，兼容并包

学术自由是西南联大大学精神的核心部分。教授与学生们性情禀赋各异、政治立场不尽相同甚至对立，形成了独立且自由的风气。在这种宽松、包容的学术氛围下思想自由碰撞。教师将新知识、优秀的研究成果，不拘一格地传授给学生，使学生受益无穷。陈寅恪先生曾有言"前人讲过的我不讲，近人讲过的我不讲，外国人讲过的我不讲，我自己过去讲过的也不讲"，并言而有信地做到每节课为学生传授新知识、新理念。①西南联大的闻一多、张奚若、冯友兰等教授虽在政治上持不同见解，学科门类不同或同一学科内部有门派之争，但都能相互平等、互相理解，如海纳百川，不同思想在相互碰撞中迸发出智慧的火花，使大学真正成为当时中国培养具备先进思想与专业技术人才的摇篮。

（三）具有社会责任感和爱国精神

西南联大的教师具备强烈的使命感，投身教育，矢志不渝。他们在当学生时，大多参加过反帝爱国运动，在民族危机深重之时不想避开危险去寻求自身的前途与安逸，而是放弃国外更优越的生活条件与更便利的科研条件，投身到教育救国的行列之中。他们爱护学生、奉献敬业，表现出崇高的职业道德，满腔热情地将知识毫无保留地传授给学生们。

西南联大的大部分学生来自沦陷区和战区，有的学生甚至是冒着生命危险冲破敌人封锁投奔联大的，也有学生出身贫寒，甚至需要教师伸出援手才能避免生活限于困窘，但是这些都阻挡不了学生们寻求真知的步伐。一些学生思想积极进取，在学习上精益求精的同时积极投身学生运动，联大学生抗战时两次集体参军抗日达 800 人。"一二·一"运动就是以联大为中心，由 3 万名昆明青年学生发起，得到全国响应的反内战爱国民主运动，掀起了国统区民主运动新高潮，被周恩来誉为新的"一二·九"。

---

① 洪德铭.西南联大的精神和办学特色（下）[J].高等教育研究，1997（2）：9-16.

二、"北大精神"

北京大学（以下简称"北大"）（图 1-5）诞生于 1898 年，是中国近代第一所国立大学，其成立标志着中国近代高等教育的开端。"北大精神"是其在发展中积淀形成的本质特征，是贯穿北大历史的不灭灵魂。[①]1923 年年底，时为北大代理校长的蒋梦麟在北大 26 周年纪念会上以《北大之精神》为题发表演讲，将北大精神概括为"大度包容"和"思想自由"。1927 年，马寅初先生在北大 29 周年纪念会上作同样题目《北大之精神》的演讲，再一次阐述"北大精神"的内涵。

有学者将北大精神概括为：爱国、进步、民主、科学、严谨、求实[②]。也有学者认为北大精神涵括 5 部分：忧国为民的爱国主义精神，兼容并包的开放精神，尊重差异、崇尚自律的自由精神，追求卓越、敢为天下先的首创精神，追求真理、英勇无畏的献身精神。蔡元培提倡的构成了北大生命线的"思想自由，兼容并包"精神（图 1-6）。北大原校长周其凤将北大精神的核心内涵概括为爱国、进步、民主与科学，具有"深刻的文化自觉、博大的文化关怀、高远的文化追求"[③]。本研究认为北大精神可涵括如下几个方面。

图 1-5　百年学府北京大学

图 1-6　蔡元培的办学方针

① 林齐模 .《北大讲座》第十七辑 [M]. 北京：北京大学出版社，2008.
② 胡军 . 北大精神与大学精神 [J]. 文化学刊，2008（5）：131-136.
③ 周其凤 . 北大文化与北大精神 [N]. 光明日报，2012-12-10（5）.

（一）爱国与进步

北大在中国近代史中扮演着重要角色。北大青年学生的爱国热情与积极进步为中国自强奋进、摆脱帝国主义和封建主义的压迫起到了积极的推动作用。中国近代大学的确立与发展以北京大学为起点。清朝末年，"戊戌变法"失败，慈禧太后发动"戊戌政变"，"百日维新"结束但京师大学堂得以保留，成为中华民族兴学图强的产物。五四运动前后时期，北大展开了一系列改革，辞退不够称职的教师，聘用陈独秀、夏元瑮等一批在不同领域各有所长的优秀教师，培养出具有独立、开放、进步、爱国思想的青年学生。由于不满巴黎和会拒绝中国要求，1919 年 5 月 4 日，以北大与北师大等 13 所高校青年学生为主、市民广泛参与的反帝反封建运动爆发。西南联大时期，北大与兄弟院校一起，抱着"周虽旧邦，其命维新"的信念培养了大批人才，推动了中国近代高等教育和科学技术的发展。新中国成立以后，北大与清华大学等高校的一些系被划出、合并，成立了中国地质大学等，但其文理科的发展仍处于国内领先地位。北大的发展始终与国家民族的命运紧密相连，培养、聚集了众多的专家学者、优秀人才，取得了大量世界领先的科研成果，影响与推动了中国近现代思想理论、科学技术、文化教育和社会发展的进程。

（二）兼容并包与自由

大学精神的核心在于批判反思精神与宽容精神，不管时代如何变革，大学始终是追求与传播真理的场所，组织者需要恪守学术自由与学术自治的大学理念[1]。不同时代的社会需求与文化背景变化，大学使命与职责随之改变。大学精神始终是推进大学发展与教育进步的内在动力，大学要发展便要在学术自由和学术自治的外在条件下展开学术活动。蔡元培在北大提出"思想自由，兼容并包"的办学方针，提出大学要以学术为本，而学术要以自由为本，大学不能仅仅授课，还要展开学术研究，"大学者，'囊括大典，网罗众家'之学府也"[2]。新文化运动后的一段时间，校园里充斥着各种思潮，如马克思主义、无政府主义、文化保守主义等，几乎当时世界上所有思潮都能在北大有所体现。

---

① 展立新 . 大学精神释义 [J]. 教育学术月刊，2016（1）：3-11.
② 蔡元培 . 蔡元培文集：教育卷（上）[M]. 台北：台湾锦绣出版社，1995：483-484.

　　自由，是学术上的自由，无论哪种学派"苟言之，成真理"。大学教师是学术活动的主体，北大的教师具有学术自由与学术自治的权利。针对一些官僚作风和教师的贪图仕途，蔡元培采取一系列措施（图1-7），包括：聘请著名学者、民主办学、教授治校、严肃校风校纪、允许男女同校、创办学术期刊、开展学术交流、扶植学生社团、丰富学生的课余生活等①。一方面，北大引进了胡适、陈独秀、鲁迅等一大批思想进步的人才做教师，另一方面也招入辜鸿铭、陈汉章等思想守旧，以及对某一领域有深入研究的学者，比如中学学历的梁漱溟，由于撰写印度佛学的文章《究元决疑论》，被聘为讲授印度哲学的讲师。对于学生的培养：一方面北大严格学生选拔制度；另一方面也允许特长学生破格入校，并允许学生自由选课、自由发展，实施通才教育，允许旁听课程，开放学术资源。北大精神蕴含自由主义而非个人主义，国难当头使师生团结一致，体现出强烈的责任感与使命感。北大成为新文化运动的中心、五四运动的发源地，都与自由和科学的大学精神密不可分。

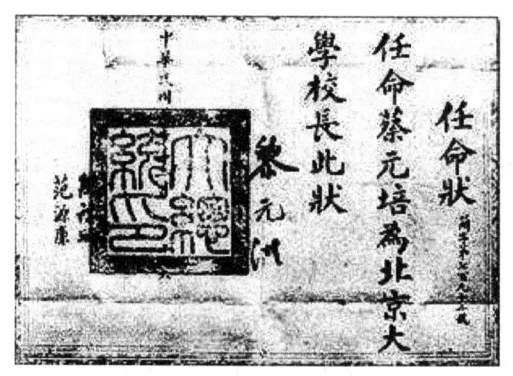

图1-7　蔡元培任北京大学校长

（三）首创与献身精神

　　北大师生的敢为天下先精神在中国高等教育史甚至整个中国历史上都起着重要作用。1903年，京师大学堂学生的拒俄运动是中国历史上第一次

---

　　① 杨河. 谈谈北大精神 [J]. 北京大学学报（哲学社会科学版），2007，44（4）：119-126.

爱国学生运动；1920 年，在封建思想禁锢的时代开始首招女生入学；1993 年，为了顺应市场经济的大潮，推倒南墙建立了商业街。近代中国科学的奠基人许多出身或任教于北大，章鸿钊、李四光是中国近代地质学的奠基人，俞同奎是中国近代化学的奠基人，陈大齐是中国近代心理学的奠基人等。北京大学至今保持着旺盛的创新能力与魄力，一系列研究成果在国内、世界领先，北大的综合排名和科学研究水平排名也始终位于世界前列。英国泰晤士高等教育（Times Higher Education）在综合评估世界高校的教学（学习环境）、研究（论文发表数量、收入和声誉）、引文（研究影响）、国际展望（工作人员、学生和研究）、产业收入（知识转移）后，公布了 2020 年高校排名完整榜单。其中，北大位于亚洲第二位，世界第 24 位[1]。

东西思想文化在北大校园激烈碰撞，既有"舍生取义，杀身成仁"的儒家传统道义观念，又有寻求自由平等的西方思想。从"戊戌变法"失败后京师大学堂诞生，到成为马克思主义传播和中国共产党早期的活动基地，代代北大人为寻求真理而不断奋斗，甚至在反帝反封建、反对国民党统治的历史时期，抛头颅、洒热血。为实现革命理想，陈独秀、李大钊等中共党员献出了宝贵生命。1957 年，马寅初发表《新人口论》，主张控制人口，提高劳动生产率，进行人口普查，渐进地、人道地控制人口增长，因此受到批判与围攻。他们虽身处不同历史时期，但身上都体现出不畏强权、追求真理、不断创新的北大精神。

三、《北京大学月刊》

被毛泽东同志称为"学界泰斗，人世楷模"的著名教育学家蔡元培[2]，1917—1927 年间担任北京大学校长，将北京大学改造为现代大学。1917 年 11 月，北京大学创办《北京大学日刊》，刊登学校重要纪事，以及一些文艺、学术的稿件。1918 年 9 月出版的《北京大学月刊》是北京大学出版的第一个学术期刊，也是中国大学最早的学报。蔡元培确定了期刊的办刊思想并

---

① 新华网. 泰晤士高等教育公布世界大学排名 清华北大领跑亚洲高校 [EB/OL].（2019-09-12）[2020-04-30]. http://www.xinhuanet.com//world/2019/09/12/c_1124990578. htm.

② 宋应离. 中国大学学报简史 [M]. 郑州：中州古籍出版社，1988：54.

亲自担任总编辑一职,分工明确、指定各研究所专业造诣颇深的主任担任编委,并制定编委会工作细则。办刊初始,每年发刊两次,年中出增刊一次,即为每年的一至六月、十至十二月各出一期,暑假七、八月份停刊,九月出增刊一期(如表1-1所示)。

表1-1　月刊集成时期及收稿处所表

事项 期数	编辑者	收稿处所	稿件集成期	复印期	出版期
一册	朱希祖(逷先)	国文研究所	七年 十二月一日	七年十二月 十五日	八年一月十五 日
二册	俞同奎(星枢)	化学研究所	八年 一月一日	八年 一月十五日	二月十五日
三册	马寅初(寅初)	经济研究所	二月一日	二月十五日	三月十五日
四册	胡适(适之)	英文学研究所	三月一日	三月十五日	四月十五日
五册	秦汾(景阳)	数学研究所	四月一日	四月十五日	五月十五日
六册	陈启修(惺农)	政治学研究所	五月一日	五月十五日	六月十五日
七册	蔡元培(孑民)	校长室	八月一日	八月十五日	九月十五日
八册	陶履恭(孟和)	哲学研究所	九月一日	九月十五日	十月十五日
九册	张大椿(菊人)	物理学研究所	十月一日	十月十五日	十一月十五日
十册	黄右昌(甫馨)	法学研究所	十一月一日	十一月十五日	十二月十五日

注:数据来源《北京大学月刊》1919年第一卷第一期。

蔡元培在《北京大学月刊》发刊词中阐述了现代大学的理念——大学之所以为大,要"兼容并包",并说明了办刊的原因:(1)大学并非只是教学机构,也属于研究机构,克服物质条件方面的苦难,用科学方法研究传统学术的真相。(2)就大学生而言,不能仅以获取毕业证为学习目标,满足于了解本专业知识，应广泛涉猎——学文科的也要有科学研究的眼界，学科学的不能对哲学等一无所知。广泛涉猎多个学科有助于学问的触类旁通，也有助于营造和谐的师生、生生关系。（3）阐述了对大学更深刻的理解，就是办学要兼容并包，即"囊括大典，网罗众家"，不同的学科门类、不同的研究方向，不能持一己之论而排斥其他学术派别、文献与思想。总之，大学要科研与教学并举，中外汇通；学生要去除偏见，文理兼修；办学要兼容并包，不能因为自己知识储量不够而排斥其他学者的思想、研究内容等——"论者知其一而不知其二，则深以为怪"。

同时，《北京大学月刊》也向校外传播着北大崇尚科学、学术自由、爱国与进步、首创与献身的大学精神。通过网罗各方面的学说，本校教师与学生、本校教师与外校学者之间，都有知识交流的机会，这为清末京师大学堂沿袭下来的腐败的"最高学府"注入了新鲜空气。在《北京大学月刊》的影响下，全国多所大学相继出版了学术期刊，如《北京大学国学季刊》《清华大学学报》《厦大学报》等。

附录二

《北京大学月刊》发刊词 [①]

蔡元培

（1918 年 11 月 10 日）

北京大学之设立，既二十年于兹，向者自规程而外，别无何等印刷品流布于人间。自去年有《日刊》，而全校同人始有联络感情、交换意见之机关，且亦借以报告吾校现状于全国教育界。顾《日刊》篇幅无多，且半为本校通告所占，不能载长篇学说，于是有《月刊》之计划。

以吾校设备之不完全，教员之忙于授课，而且或于授课以外，兼任别种机关之职务，则夫月刊取材之难，可以想见。然而吾校必发行月刊者，有三要点焉：

一曰 尽吾校同人所能 尽之责任　所谓大学者，非仅为多数学生按时授课，造成一毕业生之资格而已也，实以是为共同研究学术之机关。研究也者，非徒输入欧化，而必于欧化之中为更进之发明；非徒保存国粹，而必以科

---

①　蔡元培．蔡元培先生《北京大学月刊》发刊词（1918 年）[J].北京大学学报（哲学社会科学版），2005，42（1）：160.

学方法，揭国粹之真相。虽曰吾校实验室、图书馆等，缺略不俱；而外界学会、工场之属，无可取资，求有所新发明，其难固倍蓰于欧美学者。然十六七世纪以前，欧洲学者，其所凭借，有以逾于吾人乎？即吾国周、秦学者，其所凭借，有以逾于吾人乎？苟吾人不以此自馁，利用此简单之设备、短少之时间，以从事于研究，要必有几许之新义，可以贡献于吾国之学者，若世界之学者。使无月刊以发表之，则将并此少许之贡献，而靳而不与，吾人之愧歉当何如耶？

二曰 破学生专 己守残之陋见 吾国学子，承举子、文人之旧习，虽有少数高才生知以科学为单纯之目的，而大多数或以学校为科举，但能教室听讲，年考及格，有取得毕业证书之资格，则他无所求；或以学校为书院，媛媛姝姝，守一先生之言，而排斥其他。于是治文学者，恒蔑视科学，而不知近世文学，全以科学为基础；治一国文学者，恒不肯兼涉他国，不知文学之进步，亦有资于比较；治自然科学者，局守一门，而不肯稍涉哲学，而不知哲学即 科学之归宿，其中如自然哲学一部，尤为科学家所需要；治哲学者，以能读 古书为足用，不耐烦于科学之实验，而不知哲学之基础不外科学，即最超然之玄学，亦不能与科学全无关系。有《月刊》以网罗各方面之学说，庶学者读之，而于专精之余，旁涉种种有关系之学理，庶有以祛其褊狭之意见，而且对于同校之教员及学生，皆有交换知识之机会，而不至于隔阂矣。

三曰 释校外学者之怀疑 大学者，"囊括大典，网罗众家"之学府也。《礼记》《中庸》曰："万物并育而不相害，道并行而不相悖。"足以形容之。如人身然，官体之有左右也，呼吸之有出入也，骨肉之有刚柔也。若相反而实相成。各国大学，哲学之唯心论与唯物论，文学、美术之理想派与写实派，计学之干涉论与放任论，伦理学之动机论与功利论，宇宙论之乐天观与厌世观，常樊然并峙于其中，此思想自由之通则，而大学之所以为大也。吾国承数千年学术专制之积习，常好以见闻所及，持一孔之论。闻吾校有近世文学一科，兼治宋、元以后之小说、曲本，则以为排斥旧文学，而不知周、秦、两汉文学，六朝文学，唐、宋文学，其讲座固在也；闻吾校之伦理学用欧、美学说，则以为废弃国粹，而不知哲学门中，于周、秦诸子，宋、元道学，固亦为专精之研究也；闻吾校延聘讲师，讲佛学相宗，则以为提倡佛教，而不知此不过印度哲学之一支，借以资心理学、论理学之印证，而初无与于宗教，并不破思想自由之原则也。论者知其一而不知其二，则深以为怪。今有《月刊》以宣布各方面之意见，则校外读者，当亦能知吾校兼容并收之主义，而不至以一道同风之旧见相绳矣。

以上三者，皆吾校所以发行《月刊》之本意也。至《月刊》之内容，是否能副此希望，则在吾校同人之自勉，而静俟读者之批判而已。

第二章

高校学术期刊及其功能

第一节　期刊的产生与发展

期刊，又称"杂志"，是人类社会发展到一定阶段的产物，作为出版物的门类之一，以自己独有的方式影响着社会的发展。对于最早出现国家的认定，一般有两种看法，一种认为是 1663 年由神学家、诗人约翰·里斯特（Johann Rest）在德国创办的《启发讨论月刊》（Erbauliche Monaths-Unterredungen），另一种认为是 1665 年由法国议院参事丹尼斯·戴·萨罗（Denys de Sallo）律师创办的《学者学报》（Journal des Savants）。大部分专家倾向于后者，认为《学者学报》是最早出现的期刊，而且是世界上最早采用学报（journal）作为刊名的期刊，它刊载了法国等国家的重要书评和哲学、文学和科学方向的研究信息，并定期报道新书的出版动态等[①]。1964 年 11 月 19 日，联合国教科文组织在巴黎会议上对"期刊"这一概念进行定义："凡是统一标题连续不断（无限期）定期与不定期出版，每年至少出一期（次）以上，每期均有期次编号或注明日期的称为期刊。" 2005 年 9 月 30 日，中华人民共和国新闻出版总署发布的《期刊出版管理规定》对期刊进行了官方定义：期刊又称杂志，指有固定名称，用卷、期或者年、季、月顺序编号，按照一定周期出版的成册连续出版物。

期刊相对于报纸，具有外在形态、出版周期、信息时效、内在容量和版面风格的差异；相对于图书，具有延续性、时效性、周期性、一次性和定向性的特点[②]。其具有舆论导向、信息传播与积累、文化教育与娱乐、增加经济效益等功能，但若管理不当会产生一定的负面作用。期刊的内容关乎舆论的导向，是信息传播的重要载体，可以愉悦人民心灵，甚至传播教育与科技知识，加快知识的更新速度，扩大新信息的影响力与覆盖面。然而，期刊若传递错误的知识和情报，比如低俗色情与渲染暴力的作品，则会污染文化环境；若歪曲事实，发表反党反人民的煽动性言论，则会影响国家与社会的稳定；若严重泄露党和国家机密，则会危及国家和人民的安全；

---

① 龚维忠.现代期刊编辑学 [M].北京：北京大学出版社，2007：45-46.

② 国家新闻出版广电总局出版专业资格考试办公室.出版专业实务 [M].北京：商务印书馆，2015：86-89.

若发表错误的科技信息与成果，则会给科研工作带来误导与损失。由此可见，办刊的宗旨和期刊的内容至关重要，积极向上的期刊将促进社会的发展，满足人类文化与交流的需要；反之将影响社会的稳定，危害读者的精神与心理健康。

目前，欧美国家的期刊业繁荣发展，呈现出如下基本特征：内容与品种多样，由单元化向多元化发展，功能与属性凸显；在文化市场的竞争中，遵循优胜劣汰法则；经营理念与期刊种类不断变化，捕捉读者需求，细分受众市场；受新媒体冲击，发行渠道向多样化转变，寻找发行市场新的增长点。美国是当今世界期刊市场最成熟的国家，美国期刊协会发布的研究报告显示，2015 年美国期刊月均受众已达 5.77 亿人次。

第二节　我国期刊发展史概述

我国期刊的最早雏形产生于713—741年唐玄宗开元年间，为"开元杂报"（手抄官报）（图 2-1）。到明代中期，许多民间小报得到了发展。清朝中期1792年，在古代吴国地域，苏州名医唐大烈编辑出版了《吴医汇讲》。《吴医汇讲》为我国最早的中文科技杂志。

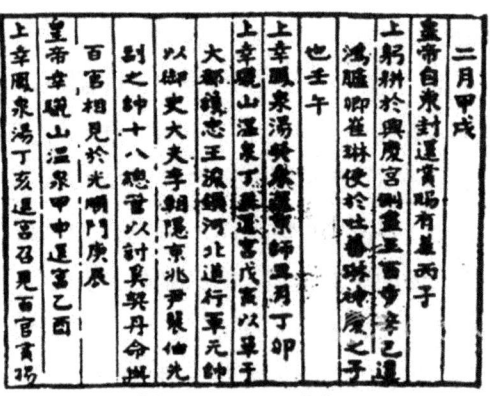

图 2-1　开元杂报

在中国近现代史中，期刊作为思想与文化的载体彰显着重要意义。在半殖民地半封建社会时期，期刊一方面传播了西方的科技文化知识，另一方面宣传了宗教内容，将列强的侵略逻辑强加给中国民众。从抗战到新中国成立期间，期刊的发展虽受到重重阻力，但成为共产党宣传革命思想的理论阵地之一。比如，1919年毛泽东主编的《湘江评论》、1920—1921年陈独秀主编的《劳动界》、1922—1930年周恩来主编的《少年》理论月刊。新中国成立后，毛泽东确定的"百花齐放、百家争鸣"方针，为我国期刊明确了社会主义办刊方向，期刊行业呈现出繁荣发展的景象。1992年4月，国家科委、中宣部、新闻出版总署联合发布的《科学技术期刊质量要求》，为科技期刊的审读、评估提供了具体依据。1995年6月，新闻出版署发布的《社会科学期刊质量管理标准（试行）》，成为社会科学期刊的办刊章程。1995年，国务院颁发的《出版管理条例》进一步加强了对期刊的规范与管理，加快了办刊改革与进步的步伐。

第三节　学术期刊与高校学术期刊

《中国大百科》新闻出版卷按内容将期刊分为：一般期刊、学术期刊、行业期刊和检索期刊。其中，学术期刊相对于非学术期刊而言，主要发表经同行评审，涉及特定学科的学术论文；通过将相关研究领域的成果见刊，起到展示和公示的作用；内容以原创研究、综述文章、书评等形式为主。非学术期刊则是刊载以文件、报道、讲话、体会和知识等只能作为学术研究资料而不是学术论文为主的文章[1]。我国的高校学报（大学学报）属于学术期刊的一种，是一种专深的文字出版物。各种学术期刊的编辑环节都在出版流程中起到关键作用。本部分将对学术期刊及高校学术期刊进行详细论述。

一、学术期刊及其作用

（一）学术期刊

学术期刊，顾名思义，是报道科技研究前沿领域成果的连续出版物。我国的学术期刊一般由国家新闻出版总署批准并配发国内统一刊号，为正式出版物。学术期刊是期刊的种类之一，以提供知识平台、促进知识传播

---

① 韩顺友.高校学报与学术期刊研究[M].开封：河南大学出版社，2014：前言.

和发展学科为使命，反映最新的学术成果，传播科学知识。一般认为学术期刊主要记录研究活动和科学事实，其本质是一种信息载体、传播工具、学术建制和公共产品。

具体说来，学术期刊具有如下属性。首先，学术期刊是载体，记录了人类的学术探索活动和学术交往活动，以及这些活动的成果；其次，学术期刊是工具，传播了广大科研工作者的学术成果，包括各个领域的新理论、新技术与新信息；再次，学术期刊连续出版，是一个学科确立并形成建制的标志之一；最后，由于学术期刊属大众传媒，承担学术评价与专业认可的职责，所发表的一些内容受到公共资金资助，所以也具有公共产品的属性[①]。

1991 年，国家科委和新闻出版署联合颁发《科学技术期刊管理办法》，将期刊分为全国性与地方性两种，后来演化为现在的国家级、省部级与地市级三级期刊。1992 年，北京大学图书馆与北京高校图书馆期刊工作研究会联合颁布的《中文核心期刊要目总览》标志着我国期刊质量与评级研究进入新阶段[②]。

我国学术期刊的主办方有：党中央、国务院及所属各部门；中国科学院，中国社会科学院；各民主党派，全国性人民团体；国家一级专业学会；一些高等院校及其院系；一些出版社或出版集团等。比如，面向图书、期刊出版与编辑人员的学术期刊中，主办单位便有不同的性质划分。《中国出版》的主办单位为国家新闻出版广电总局，《编辑学报》的主办单位是中国科学技术期刊编辑学会，《出版科学》的主办单位是湖北省编辑学会与武汉大学，《现代传播》（原《中国传媒大学学报》）的主办单位是中国传媒大学，《编辑之友》的主办单位是山西出版传媒集团有限责任公司。

（二）学术期刊的作用

就学术期刊的作用与影响其发展的要素，本书将在后文的几章中进行重点阐述与论证。本部分将学术期刊的作用简要概括为记载、评价、引领、

---

① 赖茂生. 学术期刊的功能和使命——贺《图书情报工作》创刊 55 周年 [J]. 图书情报工作，2011（15）：15-19.

② 张银平. 学术期刊在专业方面应该具有引领作用 [J]. 新闻研究导刊，2016（1）：159，220.

传播四大作用。

1. 记载

记载指学术期刊不断记载新的科研成果，不仅是学术平台，也是展示专业水平的窗口，是学术百家争鸣之地。

2. 评价

评价指不同层次的学术期刊在学界影响力不同。学术期刊要健康快速地发展，完善的期刊评价制度必不可少。当前，我国不断健全期刊的评奖与分级办法，以规范学术期刊的管理工作，进一步发挥学术期刊在学科中的评价作用。

3. 引领

引领指学术期刊具有对专业与学科的引领作用。刊载国内外处于领先水平的研究成果，及时地反映当前研究的热点与难点问题，具备按自己意志对社会公众注意力加以引导的力量。

4. 传播

传播指学术期刊作为媒介，传播新知识与思想。学术期刊与未经发表的研究报告同属研究成果的展示载体，但前者影响力更大。相对而言，研究成果只有通过同行评议后在公开发行的学术期刊上发表，才能更多地受到社会关注与认可，被推广并列入人类社会的科学宝库。

二、高校学术期刊的类别与特点

高校作为高等教育实施的重要载体与场所，拥有众多的高级创新型人才、专家与学者，越来越多的高校开始主办学术期刊。目前，国内高校学术期刊就发文内容可分为：高校综合性学报与高校单一专业的学术期刊。二者主办方与办刊资金来源相同，但发刊范围不同：前者更为宽泛，而后者集中于科研、教育的某一领域。比如，河南大学除主办《河南大学学报》外，还办有《史学月刊》《数学季刊》等学术期刊；厦门大学所办学术期刊既包括《厦门大学学报（自然版）》《厦门大学学报（哲社版）》，也包括厦门大学主管、下属经济研究所主办的《中国经济问题》。在本研究中，大学下属单位院、系、所等主办的学术期刊由于主管权归属学校，资金、人员配备、政策等方面依旧依靠学校，所以被划分到高校学术期刊的大类中。

（一）高校综合性学术期刊（高校学报）

1.定义与特点

大学具有人才培养、科学研究与社会服务三大职能。大学拥有良好的科研实验硬件设备，聚集众多具有高学历和高知识水平的专家、学者、教师。高校学报是综合性的、由高校主办的，以反映本校科研与教学成果为主的学术理论期刊，以学术性为本质。其刊名一般为大学名称加学报两字，一些高校学报还会用括号区分文、理版，如北京大学主办的学报《北京大学学报（自然科学版）》与《北京大学学报（哲学社会科学版）》。

高校学报具有学术性与内向性两大特点，有学者提出学报还具有综合性、理论性、地方性、全校性等特点。学术性为其根本特性，区别于一般普及性、知识性与宣传性的期刊。"学术性"即系统而专门的学问，要建立在深入研究基础上，广泛搜集材料，去伪存真，具有独特的视角与见解。内向性是其第二特点，指学报以内稿为主，由本校师生提供大量稿源。也有学者将"内向性"解读为"全校性"，都指学报以反映本校学术教学成果为主，校内的科研、教学、人才质量，直接关系着学报的办刊质量与水平。对于一些"双一流"大学，如清华大学、北京大学、复旦大学等，"择优用稿"与"内稿为主"基本一致，而对于其他高校，则应注意对外稿用稿尺度的把握[①]。

2.与本校科研水平间关系

我国学报坚持贯彻"百花齐放、百家争鸣"和"古为今用、洋为中用"的方针。学报与主办高校的科研与教学工作相互依存。学报推动着高校的不断发展，是大学学术与科研成果的展示平台；主办学校的教学与科研水平又决定着学报的学术水平。高校学报是开展国内外学术交流的重要园地，要坚持为本校教学科研与国家学术事业发展服务，传播文化知识与科学技术，弘扬民族优秀科技文化，促进国际科技文化交流。

---

① 徐久刚.也谈学报特性[M]//韩顺友.高校学报与学术期刊研究.开封：河南大学出版社，2014.

（二）高校专业性学术期刊

1.定义与特点

专业性学术期刊属某一专门领域的学术交流平台[①]，专门报道该领域的创新性研究成果，为研究人员提供学术交流与争鸣空间，属于学术理念的物质实体，是一种特殊的文化商品，具有专业性、学术性与严肃性的特点[②]。它往往被划定在一定"圈子"内，比如管理类、教育学类、经济类，与其他"圈子"界限相对分明，不容易产生交集，又由于所属学科的特性，在各自圈子中具有独特的影响力，受众面更集中、传播目标更准确、传播效率（互引率）更高。同时，专业性学术期刊的辨识度较高，由其刊名大致可知其发刊范围，由其栏目名称大体可知其个性，进而辨识其学术风格和特色，特色办刊可提升其在"圈子"内的知名度，提高学术声誉[③]。

以北京大学为例，北京大学主办的《中外法学》为中文核心期刊，编辑部设于其法学院；北京大学主办的《经济科学》为中文核心期刊，编辑部设于其经济学院；北京大学主办的《国外文学》为中文核心期刊，编辑部设于其外国语学院；还有一些学术期刊由学校与专业协会共同主办，如《物理化学学报》由中国化学会与北京大学共同主办。

2.与本校学科发展间的关系

就高校办刊与校内学科发展间的关系，本书将在第六章第一节予以更详尽的论述，此部分将二者关系简要概括为以下两点。

第一，作为学术论文的载体，不断促进学科的发展。专业性学术期刊的发展也以学校学科的发展为依托，若没有学科的支持与发展，将成为无源之水，无本之木。可以说，高校学术期刊与高校的学科发展相辅相成、互为依托，随着学科的创建、发展，办刊质量一般也会随之提升。高校专业性学术期刊的顾问、名誉主编、主编、副主编，编辑委员会的主任、副

---

① 高雪莲，杨慧霞，付中秋，等.专业学术期刊与学科发展相辅相成[J].编辑学报，2014，2（1）：71-73.

② 龚璇.如切如磋，如琢如磨——专业学术期刊在市场竞争中的定位与发展探析[J].中国出版，2010（19）：56-59.

③ 周黎明.专业学术期刊的特色与特办[J].图书情报知识，2016（1）：2.

主任及委员，以及外审专家、专栏主持人，都与学校相关专业的优质师资力量相关联。这些期刊的一些高质量稿源也来自本校专家、教授的约稿、组稿与教师们的自然来稿。

第二，推动了校内相关学科的发展和分支学科的形成。比如一些期刊有计划、有重点地设置专栏或同一专题的报道，刊出本领域一系列相关学者的研究成果，推动了国内相关领域的研究；具备权威性、时效性强、信息量大、信息传递速度快、出版周期短且固定的特点，不断为学习者提供最新的研究成果，弥补了专业教材内容更新相对较慢的缺点，并补充了一些教材遗漏的知识点；推动学校的专业人才培养工作，一些编辑会培养优秀的作者群，通过约稿鼓励师生作者们多做科研并写出好的专业性文章，同时予以恰当引导，促进了本校专业人才的快速成长。

第三章

大学精神贯穿
高校办刊过程的始终

高校学术期刊在发展中呈现出一些问题，仅就事论事易导致研究视角过窄。将高校办刊置于大学精神与中国大学出版史的更宏观视野下，从晚清民国时期盛极一时的"学人办刊"，到当前刊号管理制度下的高校办刊，学术期刊彰显"学术自由"、为学术共同体发声的使命一直都未曾改变。就高校学术期刊的外部环境而言，现行学术期刊评价制度犹如一把"达摩克利斯之剑"，为高校师生带来选择与参考便利的同时，也使期刊不得不去迎合数据指标以谋求发展。对"学术自由"的追求与学术期刊评价制度"指挥棒"间的博弈使高校学术期刊处于进退两难的境地。据此，新时期亟须以大学精神引领高校办刊，以办刊守望大学精神，此乃破解之道也。

第一节　高校办刊问题分析

学术期刊发展情况与高校研究成果发文问题已经受到国家层面的重视。2019 年 8 月，中国科协、中宣部、教育部、科技部联合发布的《关于深化改革培育世界一流科技期刊的意见》明确指出：要以建设世界一流期刊为目标，构建开放创新、协同融合、世界一流的中国科技期刊体系，这是中国科技期刊发展的目标方向，也是中国学术期刊发展的方向。全国政协委员、中国期刊协会会长吴尚之指出：一方面，近十年来我国高被引论文逐年增长，到 2018 年已由原来占比不到 10%，上升到 32.33%，我国学术期刊质量不断上升；另一方面，国内期刊仍然面临着比如高水平论文外流、学术期刊评价改革政策措施还没完全落实到位等问题[①]。新冠肺炎疫情期间，针对国内学术界科研成果在国外期刊抢发的问题，教育部、科技部下发《关于规范高等学校 SCI 论文相关指标使用 树立正确评价导向的若干意见》指出要破除唯分数、唯升学、唯文凭、唯论文、唯帽子的顽瘴痼疾，破除"SCI 至上"，破除"以刊评文"，不能将 SCI 相关论文指标作为评价的直接依据[②]。

高校学术期刊属于大学出版中的一个分支，学人办刊与高校办刊是基

① 吴尚之.努力推进一流学术期刊建设 [N].中国新闻出版广电报，2019-12-19（10）.

② 教育部，科技部.教育部 科技部印发《关于规范高等学校 SCI 论文相关指标使用 树立正确评价导向的若干意见》的通知 [EB/OL].（2020-02-20）[2020-04-19]. http：//www.moe.gov.cn/srcsite/A16/moe_784/202002/t20200223_423334.html.

于大学不同办刊主体的划分。高校学术期刊通过出版活动，体现办刊方向与品位，传递价值导向与精神追求，不仅承担着传播学术成果的功能，还包括启迪思想、传承文化、形塑道德的功能，以及完成母体大学实现立德树人这一教育的根本任务。解决当前学术期刊、高校办刊等一系列问题，了解我国高校办刊主体的变化过程与历史，更深刻地理解大学精神在办刊过程中的贯穿作用，对准确把握办刊方向，探析期刊发展的新路径必不可少。

市场经济条件下，学术期刊行业也出现泥石俱下、鱼龙混杂的问题，卖版面、中介发文等问题屡禁不止，学术期刊从业人员面临着诸多选择与诱惑。就高校办刊而言，学术不端行为是红线与底线，办刊主体人员要防范作者的深度学术不端行为，学术期刊也要防范编辑的学术不端行为，而这些仅仅靠外界规范、惩罚措施、监控管理还是远远不够，应激发从业者自身的主观能动性、认同感、荣誉感与使命感，凝练大学出版精神，发扬与传承大学精神。

我国学术期刊的主办单位主要为科研机构、高校与行业学会三方。相对于国外学术期刊出版单位多为产学研一体结构的出版集团，如德国的Springer、美国的Wiley出版公司等，国内学术期刊发展规模与速度呈现出"弱、小、散、慢"的问题。国内对学术期刊从业人员人才培养方面实践探索较少，期刊存在网络出版智能化与自动化程度相对低、发表周期长、从业人员培养体系不够成熟、人员分工不够细化等问题。国内高校办刊数量激增，但真正能步入国际名刊行列的少之又少，具体原因可分为以下两点。

一、官方规定的制约

高校办刊分两类——专业性学术期刊与学报，就学报的发文范围，教育部在1998年颁布的《高等学校学报管理办法》中予以规定："高等学校学报是高等学校主办的以反映本校科研和教学成果为主的学术理论期刊。"[①]这与蔡元培在《北京大学月刊》发刊词中所提出的把校方作为大学出版的

---

① 中华人民共和国教育部.教育部办公厅关于印发《高等学校学报管理办法》的通知 [EB/OL].（1998–04–01）[2020–04–20].http：//old.moe.gov.cn//publicfiles/business/htmlfiles/moe/moe_771/200407/1049.html.

主体具有一致性。这一规定的益处在于，有校内学术共同体的支撑，保证了期刊的稿源，办刊不至于"无米下锅"；弊端在于，将学术资源的主要关注点置于校内，难以保证稿源质量，办刊只能"等米下锅"。所谓"学术共同体"，即从事学术活动的学者们根据某一范围内所具有的共同条件而结成的一个学术组织或团体①。

二、对本校学术资源的依赖

由于现行的科研奖励与评职评价制度——"以发文论成果"，学术期刊从业者往往处于被恳求的地位。高校办刊相对安逸，办刊模式更为封闭，易产生惯性与惰性，缺乏创新与探索精神。在 5G、人工智能、VR 等新技术大行其道之时，高校办刊也应及时调整出版时间与人员分工，以适应数字化出版时代的步伐。

第二节　学人办刊与高校办刊

大学出版（含学术期刊和出版社实施的出版行为）在高教体系和文化出版事业中均占重要地位，覆盖文化、教育和科学三大领域。其中，大学出版社已经完成转企改制并步入快速发展的轨道，"体现大学品位、更接近真理天梯"的高校学术期刊发展却仍处于瓶颈期。复旦大学出版社社长贺圣遂曾言："当前出版业最严重的问题是偏离了出版的文化本位……文化本位是出版事业的安身立命之本和核心所在。"②高校学术期刊从业者要坚持学术品位，首先自己要成为"学人"。学人办刊即以学者为办刊主体，高校办刊即以高校为办刊主体，这两种办刊形式既是历史的产物，又是当前需要面对的现实问题。任何事业的成功都要有强大的精神动力作支持，笔者作为高校学术期刊编辑也在思考应该秉承何种思想办刊以形成独特的学术吸引力、拥有强大的竞争力，完成传播人类科学知识、推动社会与文

---

① 林培锦.西方学术共同体的形成及其与同行评议的关系[J].福建师范大学学报（哲学社会科学版），2012（5）：162-166.

② 曹魏,贺圣遂.坚守使命 继薪传火——访复旦大学出版社社长贺圣遂[J].大学出版，2006（2）：10.

明进程的使命。从出版史的视角看，大学精神纵向贯穿了学术期刊发展的始终，分析我国高校学术期刊发展史上的两种办刊主体，有助于进一步破解高校办刊中面临的一系列问题。

一、学人办刊

（一）学人办刊的内涵

在我国高校学术期刊发展过程中，学人办刊彰显了大学精神对学术期刊出版的引领作用，同时学人的思想与理念在办刊过程中也得到传播。所谓学人办刊，就是以大学学人作为期刊创办、编辑的主体，对大学文化理念、学术研究起到促进作用的出版传播行为[①]，在晚清民国阶段发展较快、影响较大，于民国时期呈现繁荣景象，但又不仅仅囿于这一历史时期。中国传统出版样态中的私刻传统与学人办刊具有精神上的渊源。由于 2005 年国家新闻出版总署《期刊出版管理规定》的出台与实施，规范了刊号（国际标准连续出版物号为 ISSN，国内统一连续出版物号为 CN）的使用，一些由教授群体或者研究机构采取"以书代刊"，即出版学术辑刊或集刊的形式刊载学术论文，表达自己的学术观点。在日本与中国台湾，学人办刊的情况依旧存在，只是由于资金相对少、办刊规模小、发行数量少，在整个期刊业中也呈现小众化特点。随着数字化出版步伐的加快，学术期刊开始以融媒体和智媒体为传播手段，一些学人自主创办并运营的关于文化、思想与学术成果的个人网站、微信公众号甚至微电台，都可以被看作为学人办刊的变体。

（二）学人办刊的成因

1. 外部成因

强调学术自由与学术独立的现代大学是学人群的黏合剂，也是学人办刊得以产生的必要条件。在第一章中，本研究已经阐述了大学是如何产生的，传统大学、现代大学、多元化巨型大学与前瞻性大学的功能随着时代的进步和科技的发展在改变，从只以教学为使命，到引入科研功能，再到服务

---

① 赵丽华.大学精神与大学出版——民国中央大学"学人办刊"[M].北京：中国传媒大学出版社，2016：3.

社会成为"社会服务站",虽然屡遭宗教、政党、资本的挑战,不变的是大学精神的内核——追求学术独立与学术自由。

所谓学术独立,是指学术研究与学者不受政治、市场等人为因素与非人为因素影响,而限制研究的方向、改变得出的结论。晚清民国时期,追求学术独立成为中国知识分子的诉求并形成思潮。1912年,蔡元培在担任中华民国第一任教育总长期间颁布的《大学令》,通过评议会、教授会等形式,建构了中国现代大学学术独立、学术自由的总体性框架。1947年,胡适在《中央日报》发表《争取学术独立的十年计划》,试图通过改革高等教育资源配置实现学术独立,成为中国近代高等教育的代表性文献之一。就晚清民国时期国内形势而言,以胡适为代表的学人,要实现学术独立与学术自由,就要反对文化的专制。实际上,无自由则无独立,二者是同一理念的不同表达方式,独立包含自由。

学术自由(academic freedom)是自由的一种。它是根源于思想自由的一种特殊形式的自由。学术自由的基本意义,是指大学(或其他高等学府)教师有发表、讨论学术意见而免于被除识之恐惧的自由……这种自由除了受基于理性方式产生的纯学术行规与权威的制约外,不受其他规制或权威的干涉与控制[①]。

就当时国外教育发展情况来看,以柏林大学为代表的德国大学模式已经建立,并在世界范围内产生广泛的影响,弗莱克斯纳对德国大学的理念与办学思想进一步总结与推广。中国的现代大学开始了模仿欧洲之路,以蔡元培、胡适等为代表的一批有志之士,远渡重洋接受西方的教育与思想,从而为中国高等教育的发展奠定了基础。

2. 内部成因

传统的士与新式知识分子(其中,大学学人是其重要组成)在面对现实时,都难以放弃"少数人的责任"和"范型式的领袖人物"意识。而这种意识以及由此生出的言论自觉,正是学人办刊现象产生的内因。晚清到民国这一历史时期,平等的公民意识在知识分子心中非常薄弱,很多知识

---

① 金耀基. 大学之理念 [M]. 北京:生活·读书·新知三联书店,2001:172-173.

分子沿袭着儒家传统文化中的士大夫中心意识，即知识分子虽然与一般民众同为国民，具有法律意义上的平等身份，但是二者在知识和能力上是有差距的。"政治上的实际操盘人和舆论的真正掌控者，应该是具有现代知识和政治能力的知识分子"，这形成了从梁启超到胡适的中国启蒙知识分子的基本共识[①]。张佛泉在独立评论上发表文章，认为社会群众很少能有改变环境的能力，而是在等待环境改造他们，要改变社会还是应该依靠英雄人物，即现代理念中的精英人士。"英雄造时势，时势造大众。"[②]

志同道合的学人群通过办刊，以学术期刊作为媒介发声，传播学术见解，建立学术共同体，也通过言论干预社会，建构自我舆论空间，表达群体的政治、思想、文化诉求。学人办刊不依傍任何党派，不迷信任何成见，用负责任的言论发表学人思考的结果。学人强调，媒介独立既指经济上的独立，也包括传播者身份和思想的独立，目的是保持思想自由、言论自由，构建公共话语领域，代表社会的公正、良知。这是北大学人群出版《新青年》（图3-1）、《新潮》杂志，东南大学学人群出版《学衡》（图3-2）、《东南论衡》杂志，浙大学人群出版《思想与时代》杂志的内因，也是当代学人陈平原等先后自办大型人文学术集刊《学人》（1991—2000）和北大同人集刊《现代中国》的内因。

（三）学人办刊的特点

学人办刊的特点彰显了大学精神在期刊中的凝聚、传承与传播作用。办刊由精神驱动，而精神又在办刊与期刊发行的过程中得以彰显。

1. 以名牌大学为聚集地

随着时代的发展，中国知识分子的聚集方式打破了地缘因素的限制，逐渐转向"思想认同"，"知识上的同一趋向"成为维系彼此交谊的重要因素[③]。现代大学的构建体系中，名牌大学由于学科建制与人员的严格遴选机制，使得学人群在大学中自然形成。1989年，P. 布尔迪厄在《国家精英——

---

① 许纪霖. "少数人的责任"：近代中国知识分子的士大夫意识 [J]. 近代史研究，2010（3）：73-90，3.

② 张佛泉. 从立宪谈到社会改造 [J]. 独立评论，1934（101）：5.

③ 吴麟. 常识与洞见——胡适言论自由思想研究 [M]. 北京：中国传媒大学出版社，2010：27.

名牌大学与群体精神》一书中深刻论述了这种"群体关系"："同类人的持续性聚集所促成的群体成员之间和整个群体内部的自爱，就是人们称之为'群体精神'的真正基础。""'群体精神'是个绝非寻常的概念……它意味着一种主观关系：作为混同在生物群体中的社会群体，它的每一个成员都和这个群体保持着联系，并且即时而神奇地与这个群体协调一致。"① 进而，本研究认为学人办刊之所以能够成行，和在名牌大学学人与学生等群体中，成员由一致的精神形成默契和自爱的纽带密不可分，通过办刊得到学术共同体的认可、维系与支持。

　　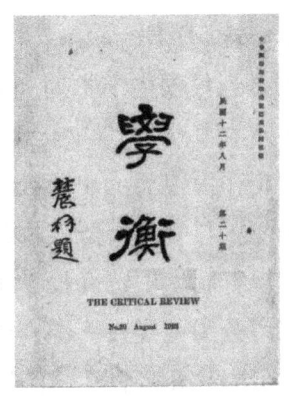

图 3-1　《新青年》杂志　　　　图 3-2　《学衡》杂志

　　为什么学人办刊以名牌大学为聚集地这一问题，依据 P. 布尔迪厄提出高等教育机构场域和名牌大学次场域（sous-champs）关系理论可以找到原因。二者的主要社会效应可以在这种结构上的双重对应性中找到根源，即"两个教学空间的运作所产生的主要效应都是由于他们作为结构，或者说，作为学业差异体系运作所产生的，而且这个学业差异体系又能够按照它自身的逻辑派生社会差异体系"②。就是说，名牌大学与普通高校间具有边界性，这个边界为二者划分了不同的场域，进而带来了社会差异体系，造就了不同的社会分层。

---

　　①　P 布尔迪厄. 国家精英——名牌大学与群体精神 [M]. 杨亚平, 译. 北京: 商务印书馆, 2004：316.
　　②　P 布尔迪厄. 国家精英——名牌大学与群体精神 [M]. 杨亚平, 译. 北京: 商务印书馆, 2004：231.

2.通过知识生产建构学术共同体和通过舆论影响社会的功能

就实际影响而言，办刊凝定了所在大学的气质与精神，也使期刊传递的思想成为公众舆论的一部分。比如，《新青年》《新潮》是北大变革传统的精神表征，更是新文化运动的推动力量。实际上，学人办刊的这种影响力和超越性，使得人们得以管窥大学出版在民族文化建构和中国思想文化现代化进程中的重要性，用更为开阔的视角审视大学出版与大学精神的深层关联，以及大学出版曾经取得的思想高度①。这对于思考和解决当前学术期刊尤其是高校学术期刊面临的瓶颈与价值观的缺失也是很好的借鉴。

二、高校办刊

高校是当代国内学术期刊办刊的三大主体之一。高校办刊是以大学作为期刊创办主体，对大学文化理念、学术研究起到促进作用的出版传播行为，具体办刊工作由下属的出版社、期刊社或编辑部负责执行，相关的运营资金、人员配置与管理层级安排都由校方负责，主要为本校的教学与科研工作服务。现行制度下，高校学术期刊的法人一般为所在大学的校长。高校学术期刊可分为两类——综合性学术期刊（学报）与专业性学术期刊，具体内容已在本书第二章第三节进行过阐述，此部分不再赘述。本研究认为，虽然当前高校办刊取代了晚清民国时期的学人办刊，成为主流办刊形式，但传承与弘扬大学精神载体的性质始终不会变化。二者比较而言，高校办刊的人员构成（主管领导、编委、编辑等）从实质上看也为学人，都是具备专业知识、技能的高学历从业者，其中不乏知名教授，不同之处在于办刊过程中接受高校的行政领导与干预。

三、大学出版

我国的大学出版社与国外著名大学出版社相比，起步略晚。大学出版依托大学文化与大学精神的指导形成了一定的文化理念，即"大学出版精神"。大学出版精神彰显了大学出版活动与一般商业活动不同的本质特征，

---

① 赵丽华. 大学精神与大学出版——民国中央大学"学人办刊"研究 [M]. 北京：中国传媒大学出版社，2016：11.

以及从理性领域研究大学出版工作的意义。当前，中国的大学文化与出版文化处于交叉磨合期，相关理念处于理论化研究阶段，具有中国特色的核心内容还未形成，因此需要找到大学精神与大学出版间的内在联结。现阶段大学出版精神的基本内涵包括以下三个层次。

（一）从业人员的精神

从业人员的精神是大学出版精神的主体。高层次的期刊出版工作凝聚着编辑的辛勤劳动，作为一个有思想、有品位、有追求的编辑，要耐得住寂寞、沉得下身心，慢工出细活，使自己负责的出版物能够引领学术发展的前沿，对社会和读者产生有益的、积极的影响。当前，学术期刊间竞争日益加剧，学术期刊的评价体系以及各种排名给每个期刊都带来较大压力。（1）就积极作用而言，学术期刊评价体系一方面为读者和馆藏机构提供服务，促进了学术期刊办刊质量的提高；另一方面，提升了科研管理工作效率，调动了科研人员投身学术的积极性，促进了学术繁荣。（2）就消极作用而言，限制了期刊的办刊自主性，引发业内投机取巧、数据造假等不当行为。这就需要从业人员顺应期刊的发展规律办刊，不能只片面地去迎合期刊评价制度，也不能将利润作为办刊的首选追求目标，而要本着精益求精的工匠精神办刊。

（二）出版单位的集体精神

出版单位的集体精神是单位在制度、行为、文化等层面体现出来的精神，是出版精神的集体映像[①]。高校办刊机构都有自己的办刊宗旨、管理制度、行为规范、操作流程与人员的门槛准入制度等，这些都集中反映在单位的集体精神中。只有在集体精神的指引下，期刊出版工作才能始终坚持政治方向与意识形态导向，沿着正确的方向健康、良性地运行发展。高校办刊必须进一步坚守大学追求学术、为真理而奋斗的精神，重塑单位的集体精神，以提升出版品质、争创品牌特色。

（三）出版行业的时代精神

出版行业的时代精神是出版精神的最高层次与最高境界。随着5G时代

---

① 冷桥勋，李克明，张和平．大学出版社出版精神的失落与重塑 [J]．合肥工业大学学报（社会科学版），2018（2）：109-112.

的到来，数字出版大行其道，融媒体与智媒体快速发展，出版行业尤其是高校期刊行业的时代精神应该是在充分发挥母体大学在人才与科研优势的基础上，挖掘校内外的学术资源，兼收并蓄、博采众长，开放包容、自律与创新并举，以不断增强出版物的吸引力与感召力，为顺利收官"十三五"规划、编制"十四五"规划贡献智慧，为培养社会主义合格的建设者与接班人做出更大贡献。

第三节　国内现行学术期刊评价制度

学术期刊是新闻出版事业的重要组成部分，也是获取科学研究文献与科研成果的主要平台。当前，我国已成为学术期刊大国，是世界上规模最大、成长最快的科研发表市场，但缺乏具有影响力的世界一流科技期刊，在全球科技竞争中存在明显劣势。为夯实进军世界科技强国的科技与文化基础，2019 年 8 月，中国科协、中宣部、教育部、科技部四部门联合印发了《关于深化改革 培育世界一流科技期刊的意见》提出：到 2035 年，我国科技期刊综合实力跃居世界第一方阵，建成一批具有国际竞争力的品牌期刊和若干出版集团，为科技强国建设做出实质性的贡献[①]。要实现学术期刊的快速发展，科学客观的评价制度必不可少。高校学术期刊具有所有学术期刊的共性特点，也遵循国内现行的期刊评价制度。研究学术期刊评价制度，有利于进一步明晰研究对象——高校学术期刊发展中面临的瓶颈问题，以传承与发扬大学精神，完成高校立德树人这一教育根本任务，实现高等教育与学术期刊发展的双赢。

一、学术期刊评价方法分类

学术期刊评价是学术评价中的一项重要内容，是根据一定的标准，采用一定的方法对学术期刊的作用、影响或价值的判断活动，对学术资源的分配、研究人员的激励、学术研究的发展等具有至关重要的影响。学术期

---

① 中国科协,中宣部,教育部,科技部.关于深化改革 培育世界一流科技期刊的意见 [EB/OL].（2019-08-19）[2020-04-30].http：//www.xinhuanet.com/science/2019-08/19/c_138320888.htm.

刊评价工作最早为图书情报工作者所用，以确定学术期刊的购置范围和读者研究资料搜集的广度，后被科研管理界应用于学术期刊评价领域。当前的学术评价是评价者在有限的时间内，根据有限的评价信息所做出的一种价值判断，但这种相对评价对期刊的发展和学术成果的认定具有现实意义。目前，现行的学术期刊评价方法有三种：定性、定量、定性与定量相结合。

（一）学术期刊定性评价方法

定性评价方法是对评议对象进行"质"的分析或者从类型方面来分析事物，描述事物的一般特点，揭示事物间的相互关系，主要解决"有没有""是不是""是什么"等问题。在定量评价分析方法没有被广泛使用之前，主要采用定性评价的方法。这种期刊评价方法的优点在于评审人员可以综合多种因素对学术期刊进行全面、直观的考量；缺点在于依靠专家与读者为主的评审者经验进行考量，存在较多的主观因素与不可控因素，比如学术认知、个性差异、人情往来、利益输送等。定性评价方法主要由评审人员、评价指标、评议方法等要素决定，严谨精准的要素选择才能保证评价结果的公平性。

1.专家评议法

专家评议法也叫同行评议法（peer review），是定性评价的一种主要方法，通过邀请相关学科和研究领域或研究方向的学术专家，按照设定的标准对学术期刊进行评价。学术期刊评价所选专家为领域内视野与层次较为高端、具有较高学术造诣，且能够把握本学科领域前沿发展动态的专家与学者。组建专家队伍时，除了考虑领域内前瞻性、敏锐度和观察力外，还要对专家的个人学术道德与评审利益相关性、专家研究领域的一致性等方面予以足够的重视。世界著名期刊工具书《乌利希国际期刊指南》在介绍每种学术期刊时都标明是否具有同行评议、是否被著名检索工具收录[①]。

2.读者调查法

读者调查法主要用于图书馆藏机构确定学术期刊的订购范围，可以通过问卷调查、座谈交流等形式了解图书馆主要使用群体的选择意向，获得某些学术期刊在读者群日常使用中被利用的程度。这种评价方式其实是为

---

① Bowker.Ulrich's Periodicals Directory 2006[M].NY：R. R. Bowker，2004：Vii-Viii.

了更好地服务图书馆的读者，进行用户需求分析，与读者们的知识层次水平与阅读能力有很大关系，当读者水平偏低时，需要结合专家评议与定量分析的方法来补充。

（二）学术期刊的定量评价方法

定量分析方法是根据数据对研究成果进行具体精细的评价，为了确定认识对象的规模、速度、范围、程度等数量关系，解决认识对象"是多大""有多少"等问题的方法，便于解释规律、把握本质与预测事物发展的趋势。学术期刊的定量评价方法可分为四类：第一类为将学术期刊关于某领域相关论文的刊载数量作为出发点，其目的是用最少的期刊获得最多数量的相关论文，主要是为图书馆藏和读者获得研究资料服务，有布拉德福定律测定法、累积百分比测定法、文献百分比测定法等；第二类是以学术期刊的流通和使用量作为评判依据，有流通利用测评法等；第三类是从学术期刊所刊载论文的学术影响来评价学术期刊的学术地位和学术水平，主要为期刊学术质量评价和高端研究者高效阅读提供服务，有摘转统计测定法、引文分析测定法等；第四类是多指标综合测定法，是综合使用以上若干种测定方法，以期获得优点最大化的测定方法。此外，还有一些其他类型的评价方法，但目前尚处于研究阶段，还未被实际期刊评价工作采用，故暂不论及[①]。

（三）学术期刊的定性定量相结合评价方法

将定性定量分析法在评价中加以应用就出现了定性定量相结合评价方法。目前，此种方法被认为是结合了定性评价与定量评价两种优点的方法，在期刊评价工作中得以广泛运用。一些综合评价包括政治标准、学术质量、编辑水平、出版质量、社会影响、质量保障水平等各学科领域的学会、社科基金、新闻出版总署等学术期刊主管部门的评奖评优活动，目的是优胜劣汰，通过评选质量上乘的学术期刊，以提高行业的整体水平，繁荣学术生态；一些兼顾学术质量与读者反馈，如普通图书馆的馆藏期刊订阅选择。

各大学术期刊评价体系基本上都使用定性定量相结合方法，在具体操作上使用多指标综合测定法等获得学术期刊综合指标汇总排序后，结合专

---

① 赵均.中文人文社会科学学术期刊评价体系研究[M].北京：中国传媒大学出版社，2016：84.

家评议等定性评价方法，获得最终评价结果。专业机构研制的期刊评价体系也多采用此评价方法。比如，国内人文社科学术期刊评价体系中的两个重要组成部分：北京地区高等院校期刊工作研究会与北京大学图书馆研制的《中文核心期刊目录要览》，南京大学中国社会科学研究评价中心研制的《中文社会科学引文索引》（CSSCI）。

二、学术期刊评价的作用

学术制度是社会或学术共同体为保障知识创新而确立的引导学术活动的行为规范。学术制度的核心是学术评价。近代科学出现以前，学者之间只有"学术批评"而没有"学术评价"。学术评价的第一原则是"学者的品质"，即"坚韧不拔、创造性、谦虚和正直"等。学术评价伦理的核心内涵是诚实与守信，能够客观公正地对待被评价对象。学术期刊评价目的在于考察期刊质量与期刊社（编辑部）的办刊水平，总结办刊经验，从中找到问题所在以改进工作，不断提高办刊水平，就目前的效果来看起到了积极作用，调动了科研人员的积极性，促进了学术繁荣，有助于学术期刊的良性发展，具体作用可概括为以下几点。

（一）积极作用

1.便于科研管理与读者的选择

相对于一些地区以主办单位的行政级别和归属情况，简单地将学术期刊划分为国家级、省部级、地市级，而忽略期刊发文质量，科学、合理的学术期刊评价体系无疑为科学研究的进步提供了支持与保障。学术期刊评价体系的评价结果是入选期刊目录，此目录中的学术期刊代表了本研究领域的最高研究水平和前沿发展方向。读者可以通过利用入选期刊目录更快速地找到学科前沿研究成果，避免了将时间耗费在大量相对低水平、内容缺乏创新性的文献阅读之上。

2.引导竞争方向，促进学术繁荣

当前的学术期刊评价体系造成了"以刊评文"的现状，虽有很大弊端，但从积极意义上来看，入选期刊目录可以间接反映期刊的刊文质量。一般会依据学者在入选期刊群的论文发表情况来评估个人和机构，这是当前最简便、最实用的评价方法。入选的学术期刊将获得更多学术共同体的关注，进而获得更多的优质稿源；由于评刊有周期限制，为了保证下一次仍能在列，也将千方百计地吸引优质稿源。而未入选期刊，也将加倍努力，争取下一次评刊能够入列。

从办刊角度来讲，尤其是高校学术期刊由于反映了本校专业发展水平，更会加快争先创优的步伐，在激烈的期刊行业竞争中争取前列的排名以展示办学实力与水平；从发文作者角度讲，在入选期刊发文一方面通过同行的认可证明了自己研究成果的先进性，进而极大地提高了精品论文意识，调动了投身学术研究的积极性，促进了个人的进步；从管理层面角度讲，相关部门为此投入巨额的科研经费，成为制定相关科研激励机制、实施科研绩效考核的依据之一，进而有利于学术繁荣与科教兴国大政方针的实施，促进了学术繁荣与学术共同体的发展。

3.提供馆藏学术期刊备选目录

最初的中文学术期刊评价体系是为向图书馆藏机构提供参考目录而编制的，这一功能并未由于评价方法和指标向学术期刊质量评价倾斜而有所消减。学术期刊评价体系为图书馆提供科学的备选目录，有助于高效地利用购置经费，为尽可能多的目标读者提供适宜的期刊。

（二）消极作用

首先评价制度本身存在一定弊端：在评价过程中，一些评价主体存在缺位与失位的问题，比如专家选择标准不明；专家同行不是真正的小同行专家，而仅是同一领域专家；评审不够中立客观，以个人好恶为评价标准等。学术期刊评价又对各个学术期刊产生了全方位的影响，小到发行量、读者群，大到学术地位、生存情况。一方面，就办刊方而言，限制了办刊自主性，受评价"紧箍咒"的限制，为了生存与发展，不得不以各项评刊指标为参照办刊；另一方面，"以刊评文"滋生了一些学术投机行为，导致学术期刊评价中的不公平性与学术腐败的滋生。

1.限制办刊自主性

学术自由是大学精神的重要内涵之一，也是学术繁荣的基础。在国家意识形态指导和学术规范的约束下的"自由办刊"同样也是学术期刊的生命。学术期刊要以引领学科发展为己任，最终为人类社会的进步做出贡献，不应为了获得高评价而主动去迎合。就我国学术期刊行业发展现状而言，由于主办单位普遍将是否进入核心期刊或来源期刊作为期刊质量的主要评价标准，使各个编辑部以评刊指标为参照，调整办刊理念、用稿方针、作者层次等。比如，一些学术期刊为了提高被摘转指标，增加被二次文摘期刊摘转可能性，而改变原有的特色栏目设置；片面追求作者的高层次、高基金论文比，而忽略了一些在校研究生的创新性科研成果；对书评、学科前沿动态、学术争鸣等文章予以少发甚至不发，偏离了学术期刊引领科技创新的初衷。

2. 引发学术不当行为，滋生学术腐败

权力使用不当，易滋生腐败。学术权力使用不当，也会导致学术腐败，进而制约整个期刊行业的发展，影响科研大环境。一方面，学术期刊具有公共属性，属于公众资源与学术公器，学术论文的理想状态是按照学科设置，较为均衡地刊发在各个期刊上，使学术期刊整体被利用以实现价值；另一方面，《中文核心期刊要目总览》等的最初研究目的是为图书馆订阅工作提供参考依据，但成为学术期刊办刊指挥棒以后，几乎所有学术机构的职称评定、博士与硕士毕业、科研课题结项都以论文的发表数目与是否是"核心期刊""来源期刊"等为标准。这就造成了学术期刊间发展的矛盾与不平衡加剧，催生了办刊"灰色地带"。比如，办刊方进行数据造假，引导作者过分引用本期刊文章、几个期刊成立"互引联盟"；利用选稿权力降低一些作者的稿件选用标准，以提高版面费收入；对学术期刊评价单位和专家展开公关。就编辑和作者个人而言，作者对期刊编辑展开公关，通过各种关系"递条子"，由编辑出面向外审专家"打招呼"，致使"人情稿"事件频发。

第四节　以办刊守望大学精神

从国际论文发表情况来看，中国科研产出规模持续增长，并已由高速增长阶段转向高质量发展阶段。中国科学技术信息研究所发布的中国科技论文统计显示，2017 年被引次数超过 10 万次且影响因子超过 35 的 7 种国际顶尖学术期刊当年共发表论文 10 803 篇。其中，中国论文 699 篇，占总数的 6.5%，排名世界第四位。仅统计原创论文和述评两种类型，中国论文有 443 篇，也排名世界第四位，比 2016 年上升一位①。

从国内办刊情况来看，学术期刊呈现种类多样化与办刊主体多元化趋势，共有覆盖 102 个学科的 6 000 种学术期刊，但国际一流学术期刊却少之又少。2016 年 5 月，习近平在哲学社会科学工作座谈会上谈到繁荣哲学社会科学，要解决好学风问题，"要大力弘扬优良学风，把软约束和硬措施结合起来，推动形成崇尚精品、严谨治学、注重诚信、讲求责任的优良学风，营造风清气正、互学互鉴、积极向上的学术生态"。正如弗莱克斯纳所言，真正改变人类发展轨迹的伟大发明与发现是建立在好奇心与智力需求之上的，在科学研究的道路上对"无用"的追求往往要重于"有用"。

我国高校学术期刊数量占国内学术期刊总数的半壁江山，避免学术期刊评价的负面作用，除需从评价制度和评价者两方面进行改革，高校也应秉承大学精神通过办刊引导学术研究方向，坚守学术的纯粹性，回归科学研究的本真，以发挥学术期刊评价制度的积极作用，避免消极作用。当前，高校学术期刊面临着商业气息浓郁的出版大环境，一方面，一些出版集团的企业化办刊片面追求经济效益，忽视了社会效益，影响了整个学术生态系统；另一方面，评价制度引导期刊竞争方向，使期刊囿于评价制度的条条框框，影响了办刊的自主性与积极性。以上种种原因导致学术期刊发展呈现方向迷失、内容同质化、创新性不足、质量意识缺乏、忧心于"唯数据"评价体系的问题，进而导致学者个性被扼杀、资源外流、人才良莠不齐等弊端。因此，正视高校办刊的外部环境与学术研究存在的问题，以大学精神引领高校办刊方向具有必要性与可行性。

一、理清大学的本质

大学精神是大学本质的反映，解决当前国内学术研究与办刊中存在的

---

① 中国新闻网. 中国在国际顶尖期刊发表论文数量居世界第四位 [EB/OL]. （2018-11-02）[2020-04-10]. http://www.qhnews.com/newscenter/system/2018/11/02/012732287.shtml.

问题，要明确大学的本质，回归办刊大学母体。高校学术期刊在办刊领域中具有不可替代性，与大学具有水乳交融的关系，是大学理念和学术风气的一面镜子。如果大学办学方针、政策乃至理念有问题，必然牵一发而动全身，作为处在知识传播环节的高校学术期刊自然会被殃及。解决大学出版的根本路径是对大学本质和理念的正本清源，若不回到大学母体以廓清大学的本质与现代大学精神，高校办刊则难以认清自身的不可替代性与发展方向。

（一）自治、自由、自律

正如第一章中所述，从发展历程来看，大学一直是育人的场所，作用随着时代的发展不断增加，完成从多元巨型化大学向"前瞻性"大学的转变，但大学的本质——自治、自由、自律的学术共同体不曾改变。正如纽曼对大学自治与自由本质的经典阐述，大学类似"独立"的帝国，自治、自由与自律与生俱来，其思想对大学理念与本质的研究产生深远的影响。

哲学和研究领域中的一所大学就像是政治史上的帝国。正如我已经说过的那样，大学是高级的保护力量，它保护所有知识与科学、事实与原则、探索与发现、试验与思辨；它划定智识的领地，注意让每一个领域的边界都受到宗教式的尊重，哪一方面也不必侵蚀邻里或者投降。大学的作用就像真理与真理之间的仲裁者，而且，在注重每一个真理性质和重要意义的同时，予以他们应有的位次。①

大学章程根源于大学的本质属性与基本价值观，是对师生权利的规定，而师生权利是大学章程的灵魂体现。学术自由是大学功能实现的根本要求，也是师生权利的核心。19 世纪初，德国教育之父洪堡提出的学术自由理念，成为大学的基本理念与大学章程的灵魂价值观。他认为："高等学术机构是学术机构的顶峰""其全体成员（只要可能的话）必须服膺于纯科学的观念。因此，在这一圈子中，孤独和自由便成为支配性原则"。② 历史悠久

---

① 雅罗斯拉夫·帕利坎.大学理念重审——与纽曼对话 [M].杨德友，译.北京：北京大学出版社，2014：62-63.

② 威廉·冯·洪堡.论柏林高等学术机构的内部和外部组织 [J].陈洪捷，译.高等教育论坛，1987（1）：93.

的大学在学校章程中对大学的自治与自由有明确表述，以英国为例，大学章程在高等教育治理制度中起核心作用。牛津大学章程中写明：保证学术员工在法律允许的范围内享有对现存知识进行质疑、检验的自由，并有权提出新的思想及有争议的或非主流的观点，而不会使其职位或权益受到影响；英国帝国理工大学赋予大学研究"宽容的精神"，章程中规定："大学的工作应该在宽容的精神中进行。学术人员应在法律允许的范围内进行学术研究和实验，能自由地提出新的想法和有争议的或不受欢迎的意见，而不会因此而处于失去工作或特权的危险境地。"[①] 美国哥伦比亚大学在大学章程中写明：学术自由意味着所有的教学人员有自由地在教室讨论他们的课程的权利；他们有自由地研究和发表成果的权利；他们可以不因以私人或公民身份表达观点或联想而被大学惩罚。[②]

就国内大学的发展脉络来看，中国悠久的书院强调德性的培育与人格的养成，在奠定中国现代大学基础的教育家蔡元培、梅贻琦眼中，这种自治与自由为大学之本。西南联大堪称中国大学史上的奇迹，在战火与动乱的年代中师生拿出与世界对话的学术成果，这与大学精神的中的信念与坚守密不可分。

（二）服务社会与资本

克拉克·克尔在《大学之用》中提出"服务站"与"多元化巨型大学"理念，显示出惊人的预见性——学术与市场的融合。20世纪80年代以来，全球化进程将大学与社会、与市场的合作向更深入、更广泛的领域推进。20世纪末，美国学者希拉·斯劳特（Sheila Slaughter）与拉里·莱斯利（Larry Leslie）用"学术资本主义"总结这一趋势，即院校或教授为争取外部资金而进行的市场或类似市场的活动。"学术工作的结构正随着全球市场的出现而发生改变。""比起像学术创业主义这样的用语，学术资本主义更能

---

① Imperial College of Science, Technology and Medicine. Charter and Statutes 2007[EB/OL].[2020-04-30]. https：//www.imperial.ac.uk/admin-services/secretariat/college-governance/charters/charter-and-statutes/.

② 熊庆年，吴云香．大学章程中师生权利的规定性 [J]．复旦教育论坛，2013（2）：9-12，36.

抓住利润动机向高等教育渗透。"①当前，大学内部组织机构的变化、资源的分配，比如某些专业的设置与取消、校内研究院所的成立，都与市场需求、资源整合、资本运作紧密相连。

我国大学从20世纪90年代起与世界范围内的"学术资本主义"对接，1999年高校开始全面扩招，导师们成为"项目负责人"，与市场的横向合作越来越多。就当前高等教育服务社会的功能，2018年9月10日，习近平总书记在全国教育大会上指出："要提升教育服务经济社会发展能力，调整优化高校区域布局、学科结构、专业设置，建立健全学科专业动态调整机制，加快一流大学和一流学科建设，推进产学研协同创新，积极投身实施创新驱动发展战略，着重培养创新型、复合型、应用型人才。"②响应国家需求，培养适应经济社会发展的人才是当务之急。

二、高校教师学术论文的发表与认定问题

高校学术期刊是大学精神、办学理念、办学特色与学术风气的一面镜子，与本校的发展相辅相成、相互促进，在整个出版行业和领域中占据重要地位。高校办刊以本校师生为重要稿源，一些教师本身对做科研的目的与方法并未明晰，同时高校就本校学术论文的层次认定莫衷一是，具体包括以下两点。

（一）教师学术论文发表问题

发表于学术期刊的论文，已经成为学者与学术评审机构鉴定科研成果的考量依据。然而，一些高校教师撰写学术论文时"为发表而发表"，什么是科研？为什么科研？衡量科研成果的标准是什么？这些问题都没有思考清楚。国内有学者将1994—2003年发表于国内564中学术期刊的1 109篇跨文化研究论文进行内容分析，将所有文章分为三大类——学术研究、应用研究与描述性论文。结果显示，能定义为学术研究的只占3.79%，90%

---

①　希拉·斯劳特，拉里·莱斯利. 学术资本主义 [M]. 梁骁，黎丽，译. 北京：北京大学出版社，2014：198-199.

②　习近平. 习近平出席全国教育大会并发表重要讲话 [EB/OL].（2018-09-10）[2020-04-30]. http://www.gov.cn/xinwen/2018-09/10/content_5320835.htm.

的论文与科学或应用研究毫无关系[①]。教师个人评职评奖或者院系科研教学评估时期是学术论文发文量统计的"黄金时期"，这时总会有教师抱怨发论文难。一些教师抱着"功利主义"的思想，付费发文、托关系、找路子等，而就如何开展科学研究方面，一些人文学术领域的教师需要进一步培养科研素养。

（二）高校学术论文认定标准问题

就教育部颁布的《高等学校学报管理办法》来看，高校办刊需主要反映与优先解决校内科研成果的发表问题，而高校鼓励教师从事科研的目的应该在于解决本学科、本领域的理论问题，而不是发表在哪一类期刊上。学术期刊的评价标准也有待商榷，就国内学术期刊而言，核心期刊、CSSCI来源期刊似乎成了分界线，增刊在职称评定上一般不被考虑在内。一方面，国内机构主办的英文学术期刊，尤其是人文社科类英文学术期刊数量有限；另一方面，国内的一些科研成果要走向世界，被世界范围内的"学术圈"接纳、认可与支持，融入西方"主流学术圈"并获得话语权，需要英文学术期刊作为媒介与平台。除此之外，当前我国核心期刊的数量无法满足国内高校与科研院所，以及硕士、博士生毕业的所有要求，这就导致一些学术期刊办刊领域灰色地带的产生。

三、以办刊守望大学精神

大学精神需要高校学术期刊的传承与发扬，高校学术期刊需要大学精神的引领与导向。大学的高尚在于其精神层面，真正地崇尚学术、追求真理，对国家、民族乃至整个人类都有着强烈的责任感与使命感。面对评刊体系"指挥棒"的负面作用——学术圈"以刊评文"、教师"为发表而发表"、论文成果认定标准不一等诸多问题，高校学术期刊亟须通过知识、文化、精神三个媒介与大学精神进行联结，不仅仅记载、评价、引领、传播学术成果与知识，还要体现大学的精神特质与文化本质，进而守望大学精神。大学精神孕育了高校学术期刊，高校学术期刊又反过来诠释、发扬与传承大学

---

① 彭世勇. 我国人文学术研究的现状、问题与思考 [J]. 现代大学教育，2004（1）：22–26.

精神，成为大学精神的看得见、摸得着的物质载体。在大学精神面临考验，高校学术期刊备受压力的今天，高校办刊唯有坚守学术出版的使命，秉承学术理想与学术追求，在服务社会与资本之时不忘打造卓越学术精品与引领人类科学发展的使命，才能使大学精神得以维护并发扬光大。

（一）高校学术期刊与大学共赢共生

1. 坚守"学术自由"与"学术理想"

当前，大学存在行政势力过强、学术自律缺失与利益本位主义等现象。一方面，大学教授忙于项目与报奖，一线大学教师忙于应对上岗与评职的各项指标；另一方面，业内实际版面数量与核心期刊的发文需求间存在着巨大的供需矛盾。由此催生了买卖版面、论文代写等灰色产业链。学术期刊"学术理想"与"学术自由"的阵地性质与大学的本质具有一致性，此时更应被明晰与强调。这也是当前国内的 2 000 余家大学学报（其中人文社会科学学报 1 300 余家）绝大部分保持了科研教辅的事业编制，没有被完全推向市场进行企业化运营的原因所在。就学术期刊而言，本身的资源仅为学术资源相关的读者群、作者群、编委群与期刊版面，若完全推向市场所刊载学术研究成果的质量与水平就很难把控。若完全以经济利益的盈亏为目标，版面便首先成为营利手段，而高校学术期刊作为反映本校优质学术成果的一片净土与自留地的使命难以完成，校外科研成果的展示与评价功能也受到影响，大学精神的发扬与期刊的生存、盈利间极易产生矛盾。如果说当前高校办刊或多或少面临着"人情稿"的现实问题，但只要从业人员明确自身责任与使命，编辑自律与期刊外部管理相结合还能够避免的话，那么全部进行企业化运营后此类问题将更为突出且难以解决。

以同为大学出版分支之一的大学出版社为例，转企改制后，一方面发货码洋屡创新高，体制创新激发了团队活力，大学社线上渠道未来可期①；另一方面，为追求利润而扩大规模、增加品种，出版大量补助书、结题书、职称书，教材编著泛滥成灾。大学出版企业以利润为导向本无问题，但单

① 中国出版营销周报 . 2019 出版社发行半年考·身处变局，如何寻求突破、提质增效？圈内人带你摸索有路径 [EB/OL]. （2019-08-02）[2020-04-30].https：//www.sohu.com/a/331153878_99924332.

一导向容易潜藏矛盾与风险，不应完全按照纯粹的商业逻辑运作而忽视了大学出版社本质的公益性与学术性，而应作为高校学术共同体的有机分支，延续大学的精英主义，传承大学精神。以美国为例，商业化程度和"学术资本主义"精神的渗透都很彻底，但大学出版业则多属于非营利性，在出版业这样传统上属于商业的门类中建立了一些重要的"非商业"的分区。"依靠庇护它们的大学、通过公立地位或者非营利地位获得对它们的直接支持，大学出版社继续维持着不受市场压力的高质量的出版。虽然它们只占出版品种的 8%，但它们的这 1.2 万种书对于美国思想和文化的更新依然是至关重要和生命攸关的。""作为广泛商业化的行业中的非营利的孤岛，大学出版社的作用不在发行量，也不在营业额……大学出版业使数千种图书和至少 700 种期刊得以发表，这些出版物不是仅仅按照市场规则来选择、出版和发行的。""这个行业经历了严重的经济危机，但总体情况还好并成功地保留了它们的'灵魂'。"①

2.共赢与共生

高校学术期刊是大学的有机分支，是大学学术共同体的有机组成部分，需要保持自身的纯粹性并保留自己的"灵魂"，与大学一道共享基本理念、遵循共同的范式，以展示大学相关专业的整体水准；呈现某一学院、研究所或者学派的研究水准，传播优质的、前沿的学术成果，使作者与学界对话并建立学术声誉。正如前文所述，大学本质是自治、自由、自律，并服务社会与资本，高校学术期刊也应保持大学精神中精英化与引领的姿态，可以通过指导与宣传的形式协助作者们尤其是本校教师们，树立正确的科研观；通过献策与建议的形式，协助本校建立多元的评职、评价相关的学术期刊考评体系，在大学精神的引领下实现与大学的共赢、共生。

（二）大学精神与高校办刊相联结

高校学术期刊是展示本校教学科研成果的窗口、学校科研的重要组成部分，培养校内人才，促进学科发展，也是本校学术地位的体现。高校通过办刊重塑大学精神，使大学研究保持"为知识而知识"的学术性，遵循

---

① 弗雷德里克·马特尔.论美国的文化：在本土与全球之间双向运行的文化体制 [M].周莽，译.北京：商务印书馆，2013：337-341.

学术规范，严把质量观，以社会效益为重，真正成为传播社会文化与精神文明的载体，也成为高校资产中最有价值的部分。大学精神与高校办刊具体通过知识、文化与精神三个媒介相联结。

1.知识联结

大学与期刊的出现同样始于"知识"。尽管高等教育的内涵不断变化，大学"追求自由"与"讲授知识"的作用一直不曾改变，自由地传播知识正是学术期刊的最重要作用之一。大学自诞生之日起就是传授知识的场所，研究处于知识结构顶层的专门系统知识与思想成果，通过口头讲述与讲座的形式传授知识，后期将思考与研究的成果发展为出版形态。"知识在大学组织要素中具有特殊地位。大学成员不仅以获取知识为共同目标，而且将知识追求固化为共同体重要职责，并内化为组织的行动规则和自由平等的精神指导。"[1]大学精神在学术共同体对知识和真理追求过程中产生，在发展知识的基础上，不断强化理性知识，并以理性知识规范知识创新的发展方向，形成了以"创造精神、批判精神和社会关怀精神"为核心的大学精神。

就有300余年历史的学术期刊产生发展过程来看，无论是以《启发讨论月刊》还是《学者学报》为始（就这点学界有争议），其产生都是为了传播思想与成果，尤其是后者发表了关于哲学、文学与科学的研究成果。学术是知识的结晶、思想的汇聚、先进科技的展示，是国家与民族发展的基石。为了有效展示与传播大学的先进学术成果，带动学科发展，扶植学术新秀，高校学术期刊应运而生。大学通过学术期刊将知识的生产、传播与应用相联结；大学精神借助学术期刊出版工作彰显本校学术共同体的价值取向、精神追求、道德规范、组织文化，以及生命力、创造力、凝聚力、感召力。

鉴于此，高校在办刊的过程中，要秉承理性主义，通过选题、热点、学术性等避免"唯数据""唯指标"的工具主义，注重知识与文化间转化的内在规律，以知识传承的使命相互联结，将兼容并包、学术自由、响应社会需求等思想融入办刊理念之中。

---

① 赵保全，罗承选.论大学权利的知识特质和伦理意蕴[J].理论导刊，2012（9）：53-57.

2.文化联结

大学的三个要素——教育、科学、文化，分别对应着大学精神的思想自由、学术批判、人文关怀的三个特征①。文化是一种存在，更是一种信仰；是人化，人们在对物质世界和精神世界的改造中产生了以理性为核心的精神文化。大学的文化实质是大学教育所承担的人化使命和价值追求。大学将其作用从知识积累扩展到文化的生产与创造之中，从而承担"人类精神与灵魂的锻造、道德与信仰的形塑、思想与文化的启蒙、知识与技术的传授"四项职能。

大学通过知识生产建构学术共同体，通过舆论影响社会。"学术共同体在理论建构、理论把控和理论教育中，更多一份对理论和文化的价值自觉。"②大学精神是大学文化的一部分，学术期刊是具有公共产品属性的文化产品。大学的职能之一是文化传承，高校学术期刊、校报与出版社是应大学文化职能扩展而相继建立的。高校通过办刊，尤其是社科类学术期刊，引导学者们树立健康的个人学术兴趣与科研价值观；透过深厚的文化底蕴折射出大学的学术底色与人文追求。学术研究需要时间的积累与知识的积淀，从来不是临阵磨枪，刊载出的学术精品体现学人们深刻的文化思想与对学术自由的追求。

鉴于此，高校学术期刊在评刊"指挥棒"的压力下，要兼顾能够引领与凸显文化先进性的选题，不能仅聚焦于全文转载率、转引率、影响因子等指标，在人文社科类期刊中考虑设置既能体现本校学科优势，又能够弘扬我国传统文化的栏目，注重公益性与持久性地刊载；考虑设置既有学术性，从长远看又能满足人民日益增长的文化需求的选题，作为高校学术共同体的有机分支，传播先进文化成果。

3.精神联结

经大学精神指导的知识转化行为，是高校完成办刊使命的根基。办刊

---

① 潘利梅，赵保全.文化视域下的大学精神与大学出版发展研究[J].出版科学，2013（5）：42-46.

② 葛晨虹.学术共同体的理论责任和价值自觉[J].中国高教研究，2013（4）：21-25.

过程向校内外读者与作者群体传递着大学精神蕴含的科学性与对学术自由的追求。这本身也是理性抉择、科学思考、人文追求的过程。论文发表要满足期刊的栏目设置与质量要求，这个过程实质是出版的选择预加工以适应传播需要的过程，体现了学术共同体的自我意识，实现了知识从思维形态到物化形态的转变，彰显了大学特有的价值判断、价值选择和价值认同。高校学术期刊作为母体大学层级结构的一部分，接受大学的行政领导与政策指导、人员选配，遵从校内规章制度，自然会受到大学精神气质和组织文化的熏陶。

　　值得一提的是，大学的诞生离不开学者们对学术"自由"与"自治"的追求，进而演化为大学学术共同体秉承的大学精神，因此这一思想要贯穿在高校办刊的过程中。比如，设置学术争鸣栏目或进行组稿，活跃学术气氛，让不同的学术观点在期刊上交锋、碰撞，进而迸发出智慧的火花启迪思维；推进对学科更深入的思考与研究，而不是倾向于一家之言、某一些特定团队的思想与成果。高校在办刊过程中，也要守住论文质量门槛，抵制作者与编辑可能产生的学术不端行为，保证所产出精神产品的原创性与科学性；打造新媒体时代的综合型人才队伍，用梦想吸引人才、用文化凝聚人才、用精神提升人才。

第四章

基于系统论的
高校学术期刊分析

在整个教育体系中，幼儿学校、初等学校、中等学校、高等学校（大学）的层级明显、功能各异、逐级递进。高校处于学校教育系统的最顶层，是高等教育的主要实施场所，肩负着人才培养、科学研究与社会服务三大职能，并以人才培养为根本任务。高校学术期刊的办公经费主要来源为高校拨款。高校学术期刊编辑部（或期刊社）也属高校机构设置的一个分支。在大部分高校中，学术期刊编辑部（或期刊社）属于科研教辅部门，如北京大学、清华大学等，以及笔者所在的燕山大学，与其他一些设于校内的研究所、重点实验室等性质相近。作为高校机构的一个分支，理论上可以认为学术期刊编辑部属高校一般复杂巨系统的子系统，其职能与高校具有共通性、一致性，这样有助于进一步厘清影响高校办刊的多方因素。本章将结合高校使命与期刊作用，对大学精神、高校及其主办学术期刊三者间关系进行基于系统科学理论的深入分析，以进一步明确外部环境的作用机理，从理论层面解析当前学术期刊发展中面临诸多问题的产生原因并提出对策分析。

第一节 系统科学

一、系统科学的定义

系统科学，或系统理论，是以系统为研究和应用对象的一门科学。具体来说，系统指的是由相互联系、相互作用的要素（部分）组成的具有一定结构和功能的有机整体。

系统的提法很早就出现了，英文翻译为system，来源于古代希腊语。例如，唯物主义哲学家德谟克利特的两本没有流传下来的著作名称即为《世界大系统》和《世界小系统》，赫拉克利特在《论自然界》中阐述"世界是包括一切的整体"[1]。近代系统观可分为15世纪下半叶到18世纪末的形而上学整体观时期和19世纪的辩证整体观（实际上也是系统观）。达尔文的生物进化论解释了生物进化和环境之间的关系，阐明了"适者生存"的观点。

20世纪，由于生产力的巨大发展，出现了许多大型复杂的工程技术与社会经济问题。它们都以系统的面貌出现，要求从整体上加以优化解决。社

---

① 列宁. 哲学笔记 [M]. 北京：人民出版社，1974：395.

会的需要使系统科学应运而生[①]。生物学家路德维格·冯·贝塔朗非（Luduig von Bertalanffy）在 1956 年提出"一般系统论"的概念，被公认为科学家明确将系统作为研究对象的标志。该理论属于机体系统论观点，横跨了封闭系统的限制，提出了组织内部与外部存在环境的交互作用。同时，他也提出了"边界"的观点，将系统本身与环境分开。贝塔朗非虽未明确提出开放系统理论，却勾勒出开放系统的雏形[②]。

随后，詹姆斯·格黑尔·米勒（James Grier Miller）将热力学第二定律引入系统科学研究，主张"负熵效应"使系统转变为更加复杂的构成；沃尔特·巴克利（Walter Buckley）提出"生物维持"与"生物再生"的概念来说明系统的两种功能。现今，系统科学研究已取得很大进展，形成了诸多学派。我国系统科学的研究和应用取得了重要的成就，如今系统思想和方法已经广泛融入我国诸多领域的知识结构中。1978 年起，在钱学森的带领下，我国开始对系统科学展开研究。钱学森是中国系统科学研究的里程碑式人物，是我国系统科学论研究的发起人和带头人，对理论的发展起到推动作用；他明确提出系统科学的体系结构与系统科学论的研究方法，为系统科学发展做出了重要的贡献。

二、系统科学的主要理论

系统科学有助于了解 21 世纪更复杂的自然和社会生活中面临的各种组织性、复杂性、非线性的新课题。所谓系统科学，是指横跨自然科学、社会科学和工程技术，从系统的结构和功能（包括协调、控制、演化）角度研究客观世界的学科群，强调的中心概念是系统，以及系统的结构和层次。按系统规模划分，可分为小系统、大系统和巨系统；按系统结构简单与否，可划分为简单系统和复杂系统两类。

将系统与环境分开之物是边界（boundry）。凡系统都有边界，但不一定有明确的边界。边界的划分具有确定性和相对性。系统与环境的相互联系和作用通过交换物质、能量、信息实现。根据系统与环境的关系可将系

---

① 许国志．系统科学 [M]．上海：上海科技教育出版社，2000：5.

② 王孙禺．高等教育组织与管理 [M]．北京：高等教育出版社，2008：44.

统分为开放系统和封闭系统。开放系统与环境有能量信息的交换，其边界具有柔性和渗透性；封闭系统与之相反，系统与环境交换微弱，可忽略不计，其边界具有刚性和不可渗透性。开放系统是动态的，其最大特征是具有重复发生的事件循环，如果中间某一过程或步骤缺少，最终将导致整个循环或系统的崩溃，见图4-1。开放系统理论的基本理论可分为以贝塔朗菲为代表的一般系统理论和以费雷德·费德勒（Fred E.Fiedler）为代表的权变理论。

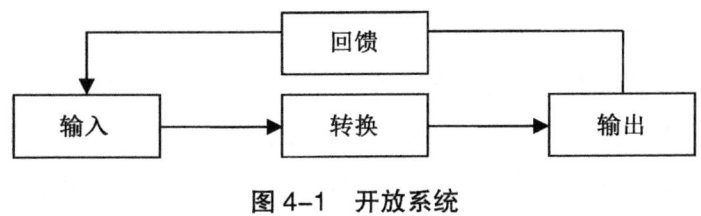

图4-1　开放系统

三、系统论的理论

系统科学包括系统论、信息论和控制论共3个方面。系统论是系统科学的核心，被誉为"系统科学与马克思主义的桥梁"。其主要研究对象是系统的本质、特征、变化规律以及系统方法等问题。系统论按其内容划分可分为：系统存在论、系统生成论、系统维生论、系统演化论、系统认识论、系统方法论、系统价值论共7个方面。系统论还有8个基本特征，每种基本特征也就是系统的一个基本方面，继而形成系统论的8条基本原理：整体性原理、层次性原理、开放性原理、目的性原理、突变性原理、稳定性原理、自组织原理和相似性原理[①]。

第二节　基于系统论的
大学精神、高校及其主办学术期刊关系分析

系统具有以下3个基本特征：其内部构成元素的多元性、各个元素间的相关性、整个系统的整体性和统一性。一部分学者已经将开放系统研究的成果引入教育研究领域。本节以系统理论为依据，对大学精神、高校及

---

① 魏宏森，曾国屏．系统论——系统科学哲学 [M]. 北京：清华大学出版社，1995：201.

其主办学术期刊三者间关系进行分析。

一、高校可视为一般复杂巨系统

将高校视作一个具有不同层次子系统的一般复杂巨系统，可以从理论上解释高校内部各机构、师生个体之间的相互关系，及其与学校间的相互作用。高校的运作过程也可以划分为开放系统的输入、转换、输出和反馈4个部分。本研究根据国内高校的现状，以系统科学为基础，在系统论整体原理和层次原理的指导下进行分析。将高校作为一个可自我运作、自我调节的动态一般复杂巨系统。高校内部各机构成为自低而高不同层次的子系统。每个高校内的社会人作为系统的元素，各元素通过整合，形成诸多子系统，各子系统通过整合形成高一级的子系统，直至形成高校这个复杂系统整体。其中，高校内部的学术期刊编辑部作为高校内部机构的一部分，也是高校复杂巨系统的子系统，与高校其他机构也就是其他复杂系统相互关联。

二、高校外部环境作为环境超系统

系统科学认为，广义地讲，一个系统之外的一切事物或系统的总和，称为该系统的环境。如果用 U 代表宇宙全系统，用 S 表示所考察的系统，则用 S' 表示它的广义环境：

$$S'=U-S$$

然而，实际上不可能也没必要列举 S 与 S' 中一切事物的联系。狭义地讲，如果 S 的环境记作 E，其代表 U 中一切与 S 有不可忽略的联系的事物之总和，即

$$E_s=\{x|x \in U \text{ 且与 } S \text{ 有不可忽略的联系 }\}^{①}$$

由此可见，系统的环境划分具有相对性。根据狭义环境的定义，本研究将高校外部环境视为高校"系统"的"环境"。高校外部环境所构成的"环境"对整个高校"系统"具有外部规定性，整个高校系统对"环境"具有依赖性。由于高校系统与"环境"通过交换物质、能量、信息实现相互作用、相互联系，所以高校是开放的系统。这个"环境"本身也具有系统性，整个社

---

① 苗东升 . 系统科学精要 [M]. 北京：中国人民大学出版社，2006：26.

会大环境的政治、经济、文化、艺术的诸多方面也可分为诸多系统。因此，高校外部环境可以视为高校系统外的"环境超系统"。高校学术期刊编辑部与校内其他机构，及高校外部大"环境"都产生能量、信息等的相互作用。

根据系统与环境的关系来分析"高校外部环境—高校—高校学术期刊"之间的关系，要特别注意3个系统之间的相互影响与制约的关系。根据系统科学的理论——热力学第二定律，封闭系统最终会因"熵效应"而导致组织的失败。相反，开放系统通过不断从外在环境吸取能量，不但不会灭亡，还可以创造出更加复杂的系统以满足大系统的变化。

三、高校办刊与大学精神的系统论分析

哈佛大学第28任校长德鲁·福斯特认为："一所大学的精神所在，是它要特别对历史和未来负责，而不仅仅是对现在负责。一所大学关乎学问，影响终身的学问，将传统传承千年的学问，创造未来的学问。一所大学，既要回头看，也要向前看，其看的方法必须也应该与大众当下所关心的或是所要求的相对立。"[①]

耶鲁大学第22任校长理查德莱文认为："如果一个学生从耶鲁大学毕业后，居然拥有了某种很专业的知识和技能，这是耶鲁教育最大的失败。耶鲁所要培养的领袖，就本科教育来说，核心是通识，也就是'自由教育'，这种教育所熏陶出来的批判性的独立思考能力，能够让人胜任任何职位，驾轻就熟地精通任何学科，并为终身学习打下基础。"[②]

剑桥大学第344届副校长艾莉森·理查德认为："一个受过良好教育的剑桥毕业生应该懂得如何自己思考，独立地、严谨地、深入地，而不是别人告诉他怎么思考。"[③]

无论是国外一流大学体现的精英主义和梦想家精神，还是国内从学人办刊到高校办刊历史进程中体现出的长久的凝定的气质、内涵、取向、文化形成的大学精神，无不与高校发展紧密相连。高校办刊是国内学术期刊

---

① 蒲实，陈赛.大学的精神[M].北京：中信出版社，2017.

② 蒲实，陈赛.大学的精神[M].北京：中信出版社，2017.

③ 蒲实，陈赛.大学的精神[M].北京：中信出版社，2017.

区别于国外学术期刊办刊主体的一大特色，高校学术期刊与大学、大学精神三者同样紧密相连。

（一）高校办刊与时俱进的必要性

系统开放得越充分、有效，自身的运行发展就越有效。开放程度不够时，系统的生存与发展也将受到影响，严重时将导致解体。高校学术期刊编辑部作为高校一般复杂巨系统的子系统，需要不断地适应社会大环境与高校小环境；只有与所处的高校巨系统以及高校外部环境超系统间不断地相互作用，才能实现自身的生存与发展。这为分析高校学术期刊的地位与作用，以及后几章中高校学术期刊自身管理的规范与发展路径，提供了重要理论依据。高校学术期刊编辑部只有适应了学校教学与科研的步伐，顺应学校外部区域性的乃至国家性的大环境，才能明确办刊理念，做到特色办刊，充分发挥在科学研究中的展示与引领作用。

学术期刊编辑部作为学校机构内部一个完整系统，一方面，要协调与其他机构、部门间关系，充分展示先进的科研成果，为整个大学的发展发挥推动作用；另一方面，也要与期刊外部各种各样的评价机构、形形色色的作者、学术水平不一的稿件，以及国家新闻出版广电总局与地方（省、直辖市等）新闻出版广电局等管理部门建立联系，这就对编辑部以及编辑提出了更高层次的要求。

（二）高校办刊要有严肃严谨的工匠精神

所有事情都是相对而言，系统性是开放性与封闭性的统一。封闭系统是系统开放性弱到极致时的理想情形，常被经典科学作为研究对象的理论模型使用。系统的封闭性也并非只具有消极作用，而是系统生存发展的必要条件；系统也并非时时开放都有益处。就当前高校发展的外部环境而言，国外大背景和国内大环境对高校输入的并非全为山珍海味的营养品，而是泥沙共下。

这就要求高校及其期刊部门增强辨别能力，办刊精益求精、追求完美、甘于寂寞、"取其精华，弃其糟粕"，批判性地接收，秉承严肃严谨的工匠精神。所谓"工匠精神"，即以极致的态度对自己的产品精雕细琢、认真打磨，不断地追求完美的精神理念。编辑要像工匠们一样，坐得住冷板凳，反复雕琢责编稿件，不断完善自身修养，享受学术成果在双手中升华的过程，无关利益却能造福世界。办好学术期刊需要高校期刊从业人员（主要是编辑）具备的"工匠精神"包括：第一，要精益求精，注重细节，不惜花费时间精力，孜孜不倦，对作者的文章字斟句酌，防止语病文法的错误。第二，要具有严谨、一丝不苟的精神，不投机取巧，必须确保发表文章的各个部分言之凿凿，严格遵守"三审三校"制度，对稿件处理严守流程，真正做到客观、公正。第三，要耐心、专注、坚持，高校学术期刊具有教育、文化、服务等多重属性，要不断提升产品（学术期刊）的质量，提升为作者、读者服务的水平，发掘显性与隐性作者群体。第四，要秉承专业、敬业的精神。工匠精神的目标是打造本行业最优质的产品。办刊就需要办出特色与水准，做好本职工作的同时，关注发刊领域内的新成果、新动向、新研究团队。第五，淡泊名利，不忘初心。全身心地做好一件事情源自内心的热爱，不计较名利与得失，只是单纯地想把业务做到极致。期刊编辑属于一个"为他人做嫁衣"的工作，成人之美，一定要具备甘于奉献、脚踏实地的品质。

（三）高校办刊与高校、大学精神间的相互作用

正如上文所阐述观点，高校是一个可自我运作、自我调节的动态的一般复杂巨系统；高校内部各个机构包括办刊部门，可视为自低而高不同层次的子系统；大学精神可视作大学文化子系统的一部分。高校学术期刊、高校与大学精神三者间的相互作用具有必然性。

高校的实际办刊部门是高校一般复杂巨系统的子系统，与高校其他部门子系统间物质、能量、信息的相互渗透、交换是必然的。高校办刊部门包括人员构成（行政领导的任命、对办刊人员的素质要求与门槛设置；主编与编委等学术任职的选定）与学校整体发展水平、校内相关学科发展水平、学校的办刊指导方针、其他部门配合都息息相关。

大学精神作为大学文化这个子系统中最核心的部分，也是大学的"精""气""神"。与高校学术期刊子系统间物质、能量、信息的相互渗透、交换也是必然的。大学精神是整个大学在一定历史发展过程中逐步形成与培育起来的一种群体意识，是一所大学在自身办学历史过程中形成并体现出来的精神面貌、思想品格、价值取向、道德规范与文化积淀，是长期形成的、具有历史性的、被学术共同体认可的共性。高校学术期刊通过从业人员的能力、品格、素质等方面体现其办刊方向，正如第三章中所阐述的：大学精神贯穿高校办刊过程的始终。

马斯洛有言："教育是让一个人成为最好版本的自己。"斯宾塞曾言："教育是为完美生活做准备。"杜威认为："教育即生活。"人通过教育获得身心的发展与完满的人格，成为更好的自己；教育与生活相连，优质的教育将使人的生活、事业更为顺利。高等教育在教育层级体系中更高，促进个体发展与社会的发展，在办学过程中凝聚而成的大学精神使其更好地完成自身使命，通过办刊使传递的思想成为公众舆论的一部分。高校学术期刊不仅仅彰显科研成果与学术成绩，也体现了人通过知识生产建构学术共同体和通过舆论影响社会的功能。

（四）开放系统理论也可以解释高校及其学术期刊发展的系列问题

高校系统的主要"输出"为性质完全不同于普通企业生产的"产品"，高校在日积月累中，不断地进行专业人才、科研成果、社会服务的"输出"。高校系统优质专业技术人才"输出"的整个培养过程是一个日积月累、相对长期的过程，大学生的知识水平、综合素质、专业技能、创新能力以及行为、品行等也都需要在社会环境中经历一段时间的检验。学校收到社会的"回馈"后，必须在高效能、高效率的目标下，认真审思办学的绩效和环境的需求，精心规划准备下一周期的运作，进而将成果作为新的"输入"进入系统新的循环。高校工作中的各种改革和计划，在制定时要结合校内外环境的需求，避免与现实脱节，实施后也要重视效果的反馈，防止计划的流于形式和无疾而终，不断作用于"转换"环节。只有这样周而复始，我国高校才能逐步突破当前发展的瓶颈、顺应时代的潮流，取得良好的办学效果和巨大的社会效益。

同理分析，高校系统产出的重要"输出"——高校科研成果以及高校展示科研成果的"橱窗"——高校学术期刊，也在与系统内部及系统外部大环境的相互作用下，进行着反复"输入—转换—输出—回馈"的闭环流程且不断循环。其中，"大学精神"在高校系统内部起着重要的引领作用，直接作用于"转换"环节。大学精神的显性与隐性作用，必将影响高校系统在科研领域与学术期刊领域的"输出"。高校学术期刊，无论是主办的综合性学报，还是专业性学术期刊，都体现了高校的整体学术水平与成就，折射出大学中从编辑到专业教师、研究人员，再到学校管理层的整体精神风貌与追求，这些人员也构成了大学精神系统中的要素。

1）就高校自身而言，诸多问题可以在此寻找到答案。

大学精神为什么需要经过一定时间的积淀，难以一日而成？

为何名校大多经过了历史的锤炼？

要形成良好的校风和社会口碑，措施到位，却难立竿见影？

一些高校大刀阔斧地改革却一时难显成效，需要若干年后才得以显现？

……

2）就高校学术期刊而言，诸多问题可以在此寻找到答案。

为什么"双一流"高校的学术期刊往往在各类评价体系中名列前茅？

学者、大师云集的名校主办学术期刊的领头羊地位愈加明显？

一般院校能办好名刊名栏吗？

倘若校风不堪，怎样才能提高该校的办刊水平？

……

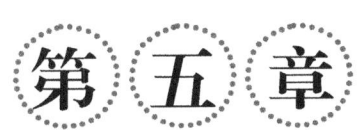

第五章

大学学术生态系统
与高校学术期刊的自律

通过上一章的分析，本书得出高校学术期刊处于高校这个一般复杂巨系统中，发展受制于外部环境具有必然性，并分析了内外部各系统相互作用的机理。本章将高校学术期刊置于大学学术生态系统中进行研究，有利于进一步分析以大学精神引领高校办刊的必要性与作用机制，也为解构大学精神、高校、高校学术期刊三者间关系提供了新的路径。

大学学术生态系统输出包括人才培养、科学研究和社会服务三个部分。高校学术期刊对大学学术生态系统产生全方位的影响，就输出部分而言，在"科学研究"中占较大比例，且影响着"人才培养"与"社会服务"的效果。学术论文尤其是高水平论文，已成为衡量高校学术水平的重要表征。在对高校的综合评价体系中，师生已发表学术论文的质量与数量占较大权重，甚至影响着本校的经费拨款与高水平人才的引进，并就此进入一个或良性或恶性的循环之中。高校学术期刊由于处于大学学术生态系统之中，保持开放性具有必然性与必要性，应在大学精神的引领下加强自律，尤其是编辑要明确自身的社会责任，强化学术至上的办刊理念。

第一节 大学学术生态系统

期刊作为一种文化商品，遵循着市场发展的基本规律，若仅仅将其定义为市场上的商品而缺乏政府的管控，将其生存与发展完全交由市场，过于简单地衡量与评价而忽视独特个性与意义，将对人类社会文化传播产生巨大的负面影响。这也就解释了为什么国家要对期刊从创办到发行的一系列环节进行严格把控。学术期刊作为传播与展示人类先进研究成果的主要媒介，不断地传播最新学术信息，刊载最前沿的科研成果，在学术研究过程的上游与下游之间对研究主体起到连接的中介作用[①]。地位与影响对比较为特殊，又是学术交流与传播的关键一环，如果管理与把控不当，小则影响大学学术生态系统，大则长久影响到高等教育与整个科研环境。

一个高校的学术期刊像一把"双刃剑"，细节之处影响到学校内外的方方面面，宏观之处关乎整个大学的灵魂——"大学精神"。当前，高校中普

----

① 郑英隆. 学术期刊的社会价值与作用 [J]. 江西社会科学，2005（6）：226-232.

遍存在着这样的现象：将学术成果等同于科研成果，而科研成果的评定沦为论文发表与项目申报的数量之争①，论文发表情况越来越受到高校方方面面的重视。就教师自身的角度，也就是"于己"，教师发表学术论文的层次与数量，影响着本人的评职评优、各种基金项目的申报；就学校发展的角度，也就是"于人"，全校教师的论文发表水平已成为参照指标，影响着学校在各类排行榜中的名次，进而影响着整所大学的声誉。比如，艾瑞深"中国校友会网"在做高校排名相关研究时，将高水平论文的发表情况作为重要参照指标之一。

那么，这就出现至关重要的问题：学术论文能否真正代表科研水平？以及，本研究对象——高校学术期刊能否真正、客观、真实、公正地反映出作者的学术水平？

在"以刊评文"的学界风气下，这个问题的答案变得与所刊载的学术期刊密切相关，这个答案往深处挖掘，将涉及整个大学学术生态系统及高校的学术风气问题。高校学术期刊与高校发展紧密相连，高校学术期刊与大学的学术生态系统密切相关，大学精神对三者的引领具有必要性与必然性。

（一）大学学术

"学术"在大学成立之初，便处于重要的核心地位，是高水平大学竞争力的根基所在，始终是推动大学发展与变革的直接原因。学术已经不仅仅等同于"研究"，而是具有更多元的方向与意义。

何为大学学术？1990年，美国教育学家欧内斯特·博耶（Ernest L. Boyer）在《学术反思：教授工作的重点领域》（Scholarship Reconsidered：Priorities of the Professoriate）中对大学学术的内涵进行了全新的诠释，回答了"做一位大学的学者意味着什么"。这为以生态系统理论分析大学有序、共生的学术环境提供了理论基础，他提出学术可分为4个方面：发现的学术、综合的学术、应用的学术、教育的学术，而这4个方面也可以简化为以下几个简单的问题——

发现的学术提出的问题是："有什么发现？"

综合的学术提出的问题是："这些发现意味着什么？"

---

① 王光荣，王端.我国高校学术生态系统的透视 [J].教育文化论坛，2011（3）：20–23.

应用的学术提出的问题是："知识如何能及时应用于实际，使个人与团体受益？"

教育的学术提出的问题是："如何传授知识？"

1.发现的学术（Scholarship of Discovery）

发现的学术，即为"研究"。学术界最高的宗旨是对知识本身的追求，这是探究的自由，以专业的方式沿着自己的研究方向前行，而不管它导向何处。正如普林斯顿大学前校长威廉·鲍恩（William Bowen）（图5-1）所言：学术"反映人类对未知的追求和寻求对未知的理解是最急迫的、不可抑制的需求，它同提出新思想的自由，同以不断变化的眼光审视每一种观点的自由紧密相连。它为庆祝任何一个新思想带来喜悦"。代表人物有耶鲁大学的化学家、《美国科学期刊》的奠基人本杰明·希里曼（Benjamin Silliman），以及解开基因密码的詹姆斯·沃特森（James Watson），等等。大学对科学研究的贡献在医学领域更为突出，比如对白喉、破伤风、大叶肺炎等细菌感染疾病的免疫研究取得了突破性的进展[①]。

图5-1　威廉·鲍恩

（1972—1988年任普林斯顿大学校长）

2.综合的学术（Scholarship of Integration）

综合的学术，即"进行学科交叉"，将知识放置于更大的学科背景中，强调跨学科的、综合的、解释性的研究。学者们通过对现象的解释，正确

---

① 　Willam G Bowen.Ever the Teacher[M]//Willam G. Bowen's Writings as President of Princeton. Princeton, N.J.：Princeton University Press，1987：269.

地从整体上加以研究，建立学科之间的联系，把专业放到更大的背景中去，总结与提出新见解来影响基础性研究。当前，传统的学科分类已显示出诸多局限性，以至于影响到新知识领域的发展，所以学者们需要打破传统学科的界限，与其他领域的研究者沟通。1959年，哥伦比亚大学教授、评论家马克·冯·多伦（Mark van Doren）在《自由教育》（Liberal Education）一书中提出要认识事物之间的相互联系性，知识探求可以更加具有综合性："事物的相互联系是教育家能达到其能力的极限，没有人能力达到可以简单看待世界。但是如果教育家不向这一方向努力，就不会有人做到；如果无人这样做，后果将是可悲的。"①

3. 应用的学术（Scholarship of Application）

应用的学术，即"用专业知识服务社会"，寻求把研究的理论与生活的现实联系起来。学术界的研究内容与世界的现实需要仍存在着很大的差距。应用的学术主要指知识的运用与发展，应用的学术与大学服务社会的职能相一致。但要把服务作为学术的一方面，前提是这种"服务"必须与学者本人的知识领域活动相结合，具有严肃性、专业性与必要性。应用的学术意味着要"发现"知识，然后"使用"知识，将理论联系实际，比如，心理学专业对病人进行心理治疗。当前，世界面临着大量只有学术才能提供解决方案的难题，理论与实践服务并促进人类知识的发展。正如奥斯卡·韩德林（Oscar Handlin）所言："我们多难的星球再也负担不起那种在象牙塔中追求奢华了。""不应为学术而学术，而应当由其为全国、全世界提供的服务来证明其价值。"②

4. 教育的学术（Scholarship of Teaching）

教育的学术，即"传播知识、培养人才"。教授们的工作只有被他人理解才能算是被认可。大学教师一定要对自己的专业深入了解，广泛涉猎相关领域，进行大量的工作和严谨的研究，只有这样才能得到学生的认可。教学也是一个能动的过程，教师需要调动学生学习的积极性。教师在

---

① Mark van Doren.Liberal Education[M].Boston：Beacon Press，1959：115.

② Oscar Handlin. Epilogue–Continuities[M]//Derek Bok. Universities and the Future of America. Durham，N.C.：Duke University Press，1990：103.

传授给学生知识的同时，也在不断地回顾、扩展与改造知识。正如亚里士多德（Aristotle）所言："教学是理解的最高形式（Teaching is the highest form of understanding）。"通过学生的课堂讨论、评论与提出问题，教师自身也将被引向知识创新的方向。物理学家罗伯特·奥本海默（Robert Oppenheimer）在哥伦比亚大学建校 200 周年讲话中指出："科学家不仅要发现真理，并传授给同伴，而且还应进行教学活动，要努力去教授，把最真实、智慧的新知识传授给学生。"①②

（二）大学学术生态系统

生态是生物的生存状态，以及生物之间和生物与环境之间环环相扣的关系③。1935 年，英国生态学先驱阿瑟·乔治·坦斯利爵士（Sir Arthur George Tansley）首次提出了生态系统的概念。他认为，生态系统是一个系统的整体，是在一定地区内存在的所有生物与环境相互作用的同时具备物质循环代谢、能量转换与信息传递功能的有机统一体。④自然界中一个池塘、一片树林、一条河流等都自成生态系统，以及自然系统中的草原生态系统、荒漠生态系统、海洋生态系统等。生态系统属于"系统"，强调生态系统内部的组成与各个元素之间的相互联系、相互作用与功能上的统一。

1. 大学学术生态系统的定义

上一章对高校系统进行了阐述，结合系统科学理论以及生态系统的概念，可以认为大学学术已构成了一个生态系统，国内学者已对学术生态系统相关问题进行研究。司林波认为，学术生态是指在人类创造、传播和运用知识的过程中形成的学术人员之间以及学术人员与学术环境之间紧密联系的关系系统⑤。冯君莲认为，学术生态特指学术共同体追求学术、创生学

---

① Ernest L Boyer. Scholarship Reconsidered： Priorities of the Professoriate [M]. Princeton，N.J： Princeton University Press，1990：18–25.

② 里瑟琦智库. 欧内斯特·博耶：《学术水平反思》[EB/OL].（2015–05–23）[2020–04–20].http://www.idmresearch.com/news/html/?1098.html.

③ 马春，孟伟庆，李洪远. 论"生态"一词的使用 [J]. 四川环境，2006（4）：54–58.

④ 范国睿. 共生与和谐——生态学视野下的学校发展 [M]. 北京：教育科学出版社，2011.

⑤ 司林波，乔花云. 学术生态、学术民主与学术问责制 [J]. 现代教育管理，2013（6）：7–11.

术的有机环境 ①。李志兴认为，学术生态系统是由学术产生活动的生态主体（科研工作者）和生态环境组成复合多元的统一系统 ②。据此，本研究认为大学学术生态系统是大学学术共同体在学术生产活动中形成的学术人员间、学术人员与学术环境间的紧密联系的系统。大学学术生态系统，从静态的视角看是高校由内部的机构、师生等，按照学校制度和规则结合而成的结构关系系统；从动态的视角看是以学术研究为纽带形成的人与人、人与组织、人与制度、人与其他环境之间的行为关系系统。

2. 大学学术生态系统的特点

1）客观性

大学学术生态系统是高校中已经形成了的既定的学缘和人际关系、学术制度和程序规则以及行为习惯及其之间相互影响的关系集合，它并非一日形成，是每位师生均脱离不了的既定的客观存在。

2）稳定性

每所高校的学术风气、学术传统、学术习惯以及学术规则的形成，如同大学精神一样，并非一蹴而就，都是经过时间的积淀且一旦形成就会稳定下来，并且对学术生态系统中的子系统以及各个要素产生潜移默化的影响，会更加稳固和强化当前已然形成的状态。

3）渗透性

大学学术生态系统一旦形成，就会渗透到教学、科研、学术交流与评价等子系统中，并且深刻融入学术成员的教学、科研、读书、做事的态度和情感之中。学术生态不仅影响现有成员，而且影响后来者，使得新进入学术系统的人员很快适应这种学术气候，进而选择并形成符合学术生态规则的思维和行为习惯。良好的大学学术生态能够形成良好的学风、研风和学术习惯，推动学术创新和知识进步；反之，将遗患无穷。

4）开放性

大学学术生态系统是一个开放的系统，需要与外界不断地进行能量与物质交换，因此学术研究不能是封闭的，需要外部资金的不断流入和支持，

---

① 冯君莲. 大学学术生态的困境与出路 [J]. 大学教育科学，2012（6）：101-106.

② 栗明伟. 高校学术生态危机与调谐——基于教育生态学视角 [D]. 保定：河北大学，2014.

学术研究的动力来源于社会需求，学术研究成果的价值还要接受社会的评价和检验，能否创造经济社会效益已成为应用科学研究的重要评价标准。另外，学术生态内部各个子系统之间也应该是互相开放的，学术交流是学术生态创新的动力。开展学术交流，不仅可以集中展现学术观点，更重要的是观点的碰撞和信息的整合[①]，这种碰撞和整合会将学术观点的争鸣与学术探索的深度放大，是一个开拓思维、激发创新的过程[②]。

3.高校学术期刊在大学学术生态系统中的作用

综上所述，对大学学术、大学学术生态系统内涵与特点的研究显示，高校学术期刊与大学学术一脉相承，所刊载的内容包括发现的学术、综合的学术、应用的学术与教学的学术；在大学学术生态系统中，处于上游和下游之间，是对研究主体起联结作用的中介环节，影响着上游和下游间的能量与物质交换，若管理、把控与运行不当，必将导致整个大学学术生态系统的失衡，甚至整个学术生态环境充斥歪风邪气、遍布潜规则。

除此之外，高校学术期刊处于大学学术生态系统之中，作为呈现学术成果的子系统与肩负承上启下功能的媒介，也具备客观性、稳定性、渗透性与开放性。因此，高校学术期刊的发展对大学学术生态系统至关重要，它很难一时改变，并对其他子系统和要素产生着潜移默化的影响，渗透到大学人的教学、科研、说话、做事种种之中；为了保证整个大学学术生态系统的健康运行，保持持续的开放性是必须的，这也就诠释了为什么高校学术期刊要保持开放的办刊理念，要"走出去"参会，"请进来"办会，为什么刊文要鼓励学术争鸣与学术探索……以开拓思维，启迪智慧，最终引领科学研究的发展方向，推动人类社会的不断进步，此乃答案。

（三）我国大学学术生态系统分析

1.投入部分分析

我国大学学术生态系统的高校投入包括人力、物力、财力三部分。其中，人力最为重要，是高校学术生态系统与外界环境系统的连接点，对能量流、

---

① 沈爱民.创新型国家与学术原生态建设[N].学习时报，2007-05-21（7）.

② 司林波，乔花云.学术生态、学术民主与学术问责制[J].现代教育管理，2013（6）：7-11.

物质流、信息流的传输起着决定性的作用。

1）决策层

决策层处于高校人员结构的顶端位置，保持能量输入，与时俱进地导入信息流；既负责多渠道争取办学经费，也负责依据经济社会发展的大环境和人才需求情况，保持办学理念与社会发展同步，不断更新办学理念与教育观念，以实现立德树人这一教育的根本任务。

2）管理层

管理层属于高校内部的政策制定与执行群体，将一部分能量转化为物质流，负责这三种能流的进一步传递，为广大师生的教学与科研工作服务，一方面为学校工作准备设备等教学硬件资源等，另一方面通过制定合理的管理与评价制度，保证教学与科研工作的顺利开展，为学校各部门的良好运转保驾护航。

3）基础层

教师与一线工作人员为高校人力投入的中流砥柱，数量最大，按层级分布处在高校"金字塔"的中、底层位置，其关系到这个"金字塔"是否牢固、能建多高，高校的发展空间与余地有多大。这个群体在能量流、物质流和信息流的支撑下开展学术工作[①]。

2.产出部分分析

高校以人才培养为根本任务，同时具有科学研究与社会服务的职能。因此，大学学术生态系统的主要产出为具有专业技能的高素质人才。科研成果和对社会的作用也是高校产出的重要组成部分。人才培养情况可以全面反映出高校各项工作的开展状况。学校的人才培养成果——本科生、硕士生、博士生的专业素养直接体现了该高校的教学水平与科研水平。比如，本科生要掌握本学科的基础理论、专门知识与基本技能，成为具有从事科学研究工作或担负专门技术工作初步能力的高级人才。这就要求学生具备合理的知识结构，掌握科学工作的一般方法，能正确判断和解决实际问题，具备终身学习的能力和习惯等。大学学术生态系统的产出，从小的方面来说

---

① 王光荣，王端. 我国高校学术生态系统透视 [J]. 教育文化论坛，2011（3）：20-23.

关乎学校的发展与社会声誉，从大的方面来说影响国家的发展与民族的命运。以下将结合根本任务与主要职能，对大学学术生态系统的输出进行分析。

1）人才培养方面

学生经过几年的学习能否掌握足够的专业知识以及动手实践能力？能否走向社会时具备承担起本专业相关工作岗位的能力，反映出高校的教学水平？当前，死记硬背一些最基本的原理与知识，只满足于应付大学各科考试的毕业生已经远远满足不了用人单位的需要。一些高校的教材，尤其是需要反映专业发展现状与体现当前科技发展方向的专业课教材，未能做到及时更新。一些教师重科研轻教学，忙于评职与项目等个人事务，而忽视了对教学教法的研究，授课手段单一、枯燥，课堂气氛沉闷、压抑，讲授内容未能与时俱进，难以提起学生学习的兴趣。这些都是高校在教学管理中应及时注意的问题，管理层的政策支持与保障就显得尤为重要。

同时，学生还应具备良好的综合素养与自主学习能力。当今社会已经从工业革命时代迈入了信息革命时代，知识生产与传播效率加快，信息传播的方式、规律与速度也发生了巨大改变，社会人需要接受与学习的新知识与新技能将越来越多。教师需要既"授之以鱼"又"授之以渔"，引导学生形成好的学习习惯，激发学生的学习热情与兴趣，培养终身学习的意识。

2）科学研究方面

党的十八大提出实施创新驱动发展战略，强调科技创新是提高社会生产力和综合国力的战略支撑，必须摆在国家发展全局的核心位置[①]。2013年5月14日，习近平在天津视察时表示"科技创新是提高社会生产力和综合国力的战略支撑，必须摆在发展全局的核心位置"[②]。2014年6月9日，习近平在中国科学院第十七次院士大会、中国工程院第十二次院士大会开幕会上发表重要讲话强调："坚定不移创新创新再创新，加快创新型国家建

----

① 习近平.习近平谈创新[EB/OL].（2016-03-01）[2017-07-09].http：//politics.people.com.cn/n1/2016/0301/c1001-28159755.html.

② 中华人民共和国科学技术部.中共中央 国务院印发《国家创新驱动发展战略纲要》[EB/OL].（2016-05-19）[2020-04-20].http://www.most.gov.cn/yw/201605/t20160520_125675.htm.

设步伐。"①创新领域要涵盖科技、人才、文艺、军事等诸多方面。其中，科技创新是当今世界的"先手棋""牛鼻子"，受到党和国家的高度重视②。

大学的科研竞争力指科技创新和转化的能力，代表了高校学科发展的水平，体现为高校的科技总量、科技水平与科技潜力，是大学学术生态系统的主要产出部分。科研成果主要通过学术成果的公开发表情况，尤其是论文与专著的发表数量及理论与实践价值，来反映高校的科研竞争力。高水平论文的发表情况已成为衡量一所高校科研水平乃至整体水平的重要指征。大学作为创新性研究的主体，肩负着国家科技创新的责任与使命，关系到民族的进步与国家力量的提升。

3）社会服务功能方面

培养德智体美全面发展的人，是教育目的中对人发展的根本要求，也是高等教育人才培养目的的根本要求。③我国的《高等教育法》将高等教育的目标规定为："培养具有创新精神和实践能力的高级专门人才。"高等教育的发展史表明，大学的社会服务功能相对于另外两种功能产生略晚。从历史视角来看，大学由单一的教学功能，发展出科学研究功能，再到社会服务功能，经历了一个长期的过程。从广义的视角来看，人才培养与科学研究职能也可看作是社会服务职能，高素质人才作为大学学术生态系统的重要产出，服务于社会发展与人类进步；从狭义的视角来看，大学的社会服务职能可以理解为通过诸多形式直接服务于社会，以技术服务和专利转让等形式将学术成果应用于社会，实现"应用的学术"之价值。具体表现为以下几点。

第一，科技成果转化。高校通过技术转让、技术入股等形式，对科技成果加以应用，并转化为生产力。

第二，创办技术企业。当前，许多高校都设有大学产业园或产业集团，有自己的企业孵化部门，比如北京大学的北大科技园（图5-2）、清华大学

---

① 习近平.习近平谈"十三五"五大发展理念之一：创新发展篇[EB/OL].（2015-11-10）[2020-04-20].http://cpc.people.com.cn/xuexi/n/2015/1110/c385474-27798107.html.

② 习近平.习近平：坚定不移创新创新再创新　加快创新型国家建设步伐[EB/OL].（2014-06-19）[2020-04-20].http://news.xinhuanet.com/politics/2014-06/09/c_1111056325.html.

③ 杨德广，谢安邦.高等教育学[M].北京：高等教育出版社，2009：95.

的清华科技园（图5-3）、燕山大学的燕山大学科技园（图5-4）等。

图5-2　北大科技园

图5-3　清华科技园

图5-4　燕山大学科技园

第三，培训服务与再教育服务。高校具有专业人才资源和优质师资，通过举办专业技能培训、资格考试培训，为一些希望继续深造的社会人士提供再教育服务。

第四，咨询服务。高校利用自身大量专业技术人才与管理人才的优势，为政府和企事业单位提供政策、管理、技术等方面的咨询服务，建设有中国特色的新型智库。

第五，信息服务。高校具备便捷的信息资源优势，可利用高校数据库和图书馆资源服务社会。

第六，设备设施服务。从专业仪器、电教中心、计算机中心、实验室等设备条件，到校园环境、食堂、宾馆等配套的硬件设施，都可为校园周边群众提供资源与服务。

第二节　学术越轨行为分析

高校科研工作者处在学术共同体之中，要秉承严谨的科研态度，严守科研准则，不能触及学术越轨这个底线。虽然当今社会中理想型学者占大多数，但是也有一部分学者不再为科研而科研去追求学术理想，而是急功近利，采取不正当竞争手段，这就导致了学术越轨行为的产生。在人类科学研究的历史中，学术越轨行为可出现于大到享誉世界的知名学者，小到普通的科技工作者。了解并正视学术越轨行为，对严守高校科研工作的底线，真正发挥高校学术期刊的功用，维护健康的大学科研环境，弘扬大学精神的正能量意义重大。

一、学术越轨行为的内涵及分类

（一）学术越轨行为

国际学术界将一稿多投、不当署名、抄袭剽窃、伪造数据、权学交易、成果评价言过其实、科研资源分配等腐败现象和行为统一归为学术不端行为。国内学术界的提法较多，与学术不端类似的有：学术失范、学术腐败、学术越轨等，而且表现形式和轻重程度皆有差异，一般认为学术越轨的包容性最大。因此，本研究为了该种现象与行为表述的统一性，依照国内学界的观点统一称之为"学术越轨"。学术越轨主要表现为学术研究活动和学术管理活动中的越轨行为[①]，具体涵括学术失范、学术不端和学术腐败三方面。学术不端与学术腐败有相通之处，但两种行为性质和危害程度有所不同，后者范围更广，影响更大。

1. 学术失范

所谓学术失范，主要指技术层面违背规范的行为，或缺乏必要的知识而违背行为准则的行为[②]，具有主观故意性，表现为学者在从事科研学术论文写作时，故意违背学术研究和论文撰写规范，论文不遵守学术研究的基本范式，注释不规范、完整等，并试图通过作品不正当牟利。

2. 学术不端

所谓学术不端，主要指学术共同体成员违背学术准则、损害学术公正的行为[③]，表现为在科学研究过程、论文出版与写作、著作出版等科学活动中，违反或背离科学共同体工作遵守的行为规范和研究伦理的不当行为。比如，一稿多发、学位论文网络出版后再次发表等。

3. 学术腐败

学术腐败指在学术领域利用"公共权力的非公共运作"和"利用公共权力达到私人目的"的现象和行为[④]，包括与学术相关的各种权钱、关系、生活作风等交易，也有学者从法学角度将学术腐败解释为："为达到个人或团体的利益，采取不正当手段，违背学术道德而进行的学术剽窃、盗取、臆造、拼凑等事实且需承担法律责任的行为的总称。"[⑤]

也有学者对学术越轨行为进行不同分类。比如，王恩华认为依据学术越轨的违规性质可将该行为分为三种类别：违反科学规范、违反学术管理制度、违反科学精神，详见表5-1。

① 张心向.高校学术越轨行为的类型、原因及其治理 [J].天津市政法管理干部学院学报，2007（4）：66-71.

② 教育部学风建设委员会.高校人文社会科学学术规范指南 [M].北京：高等教育出版社，2009：5.

③ 教育部学风建设委员会.高校人文社会科学学术规范指南 [M].北京：高等教育出版社，2009：5.

④ 王华生.权力场域的强势存在：学术腐败的深层制度诱因 [J].河南大学学报（社会科学版），2010（5）：25-29.

⑤ 韩弘峰.高校学术腐败问题的法律向度分析 [J].前沿，2013（11）：79-80.

表 5-1 学术活动中越轨行为分类表 ①

违规性质	主要表现	现象或事例举要	越轨环节	越轨主体
违反科学规范	不规范公布科研成果	（1）先通过新闻媒体或先开发布会公开研究成果，而不是先对科研成果进行同行评议； （2）为了保密，公布含糊的、假的中间成果误导同行（军事科研成果不在本研究的探讨内）	成果发表	科研人员
	获取科学资源的恶性竞争	（1）一稿多投； （2）发现或发明权的恶性竞争	成果发表和评价	科研人员
	不尊重他人科研成果	（1）引用他人成果不注明出处； （2）继续别人的思想研究不作任何交代	实施研究	科研人员
	不适当的科学保密	（1）成果不发表仅供自己"欣赏"； （2）超时限保密研究原始资料	成果发表	科研人员
	无端占有他人成果	（1）导师或科研项目负责人占有学生或其他科研人员成果； （2）在没有参与的文章上署名	成果发表	科学名流
	实施与社会伦理相悖的研究	（1）进行克隆人实验； （2）在不知情的情况下，进行人体实验，公开别人的基因图谱	申请立项实施研究	科研人员
	实施对人类生存和发展有害的研究	某些科研人员研究大规模杀伤性武器	申请立项实施研究	科研人员
	实施对自然环境有害的研究	没有任何防范措施进行基因物种研究	申请立项实施研究	科研人员

---

① 王恩华. 学术越轨与大学学术管理 [D]. 武汉：华中科技大学，2004.

续表

违规性质	主要表现	现象或事例举要	越轨环节	越轨主体
违反学术管理制度	非科学目的使用科学资源	（1）将科研经费挪作他用； （2）利用实验室进行营利活动； （3）学术机构买卖文凭，乱封教授	实施研究科学奖励	科研人员及科研管理组织
	非学术标准的学术资源分配	（1）学术职称评聘、科研经费分配，课题审批中的政治、人情因素； （2）用行政手段推行学说	科研立项同行评议	科研管理组织及学术期刊
违反科学精神	缺乏学术民主、违背学术自由精神及学术批判精神	（1）学精、学阀； （2）学术期刊，讨论会不允许发表争鸣文章	科研过程	科学名流、学术期刊编辑
	违反科学理性精神	（1）学术期刊发"人情稿"； （2）学术期刊对名人轻信，放松对其论文的审查	学术评价	学术期刊编辑
	违反科学的实事求是精神	（1）伪造化石标本； （2）捏造数据； （3）拼凑数据； （4）伪造辅证； （5）篡改数据； （6）全剽窃； （7）改写或部分剽窃； （8）申请课题时虚报论文数，夸大科研能力； （9）伪造奖励骗取荣誉； （10）拉名人在文章中署名	申请立项实施研究	科研人员
	为伪科学张目	（1）为伪科学进行"科学鉴定"，如对"水变油技术"作鉴定； （2）支持伪科学活动	科学与社会互动过程	科研组织科研人员

续表

违规性质	主要表现	现象或事例举要	越轨环节	越轨主体
违反科学精神	进行伪科学及反科学研究	（1）进行无意义的研究，如日本某学者研究脸部大小与智力的关系，并"发布成果"； （2）国外某学者研究永动机或欲推翻进化论、相对论	科研立项	科研人员

二、学术越轨事件成因与案例

（一）诱发因素

利益驱使的不正当竞争和价值观的不当，是学术越轨行为产生的重要原因。"理性人"或"经纪人"的人性假设可以解释这一行为产生的原因。该假说是经济学理论的逻辑出发点，即认为人对自己行为的后果有事先认识，并能对后果中利益与代价（成本）有理性的比较，只要有可能，人们都倾向于以最小的代价换取最大的利益。正如，英国古典经济学家亚当·斯密所言："我们每天所需要的食品和饮料，不是出自屠夫、酿酒家或烙面师的恩惠，而是出于他们自利的打算。我们不说唤起他们利他心的话，而说唤起他们利己心的话。"[①]学术越轨行为的产生，实则为通过违反学术规范的方式，以比合规行为更少的成果获取更多的利益，这部分利益可称为越轨利润。一些学者在追求财富与名誉的道路上，将学术越轨看成低投入、低代价、高收益的行为，尤其是这种行为具有相对隐蔽性。社会大背景下，利益分化的加剧和社会阶层的固化等也造成了学术越轨行为的产生。由于学术越轨行为被发现后，一般处理措施是学者主动离职或被大学、研究所等供职机构辞退。所以，当前学术越轨行为的诱因可归纳为以下七种。

1. 学术"马太效应"

学术共同体的分层使学术越轨成为可能，而学术"马太效应"使得学

---

① 亚当·斯密.国民财富的性质和原因的研究[M].郭大力,王亚南,译.北京:商务印书馆,1981.

术越轨的长久存在某种程度上具有存在的必然性。学术"马太效应",指学者获得的荣誉被放大,学术资源向名气大的学者集中,致使学术资源分配不公正,产生两极分化现象。[①]"马太效应"使本来不平静并具有分层特点的学术界更不平静,这为学术越轨行为的产生埋下了种子。学者名气越大,越容易获得科研经费和项目等各种资源,越容易受到同行组成的学术共同体的认可,从而导致了学术资源分配不公,资源流向两极分化。比如,在报奖时,有人将未参与实际工作的学界名流虚报为共同完成人。

2.学术评价机制不完善

当前的学术评价机制尚不够完善、科学,具有功利性导向。各种评价制度虽然默认学术具有非功利性,但其实一些评价和奖励制度(津贴、绩效考核等)采用了功利性的手段。同时,对学术期刊的等级划分、区别对待,也客观地给学术越轨行为提供了土壤。

3.学术行政化

学术行政化的核心表现是学术研究中的官本位问题。中国历史上长期存在官僚等级,官位成为衡量一个人的重要标准。在利益的驱动下,一些学者以政统学,造成了资源分配的不均衡。学术行政化导致的学术特权利益共同体是学术腐败的重要原因,这一利益共同体以知识和权利共生的双面形态左右学术权力,依赖权力制定标准,单方面拍脑袋规划学术发展,垄断学术资源[②]。

4.市场经济的负面影响

市场经济的迅速发展使社会差别扩大、利益分化加剧,催生了享乐主义、利己主义、个人主义、拜金主义等思潮。一些学者不能潜心学术,产生了浮躁心理;不顾科学研究的基本要求与规律,急于出成果,甚至产生了违背科学精神、科学规范的行为,捏造、拼凑、篡改以及剽窃数据,严重背离了科学研究的精神。

---

① 司林波,孟卫东.近十年国内学者关于学术越轨问题的研究综述 [J].阅江学刊,2014(4):60-67.

② 李小军.论学术共同体视域下的高校学术腐败治理路径 [J].研究生教育研究,2013(3):31-36.

5.学术道德失律

无限享受学术自由，缺乏学术责任，无视学术职业伦理规范等造成了学术道德失律。目前，造成学术道德失律的原因有：学术道德标准不完善、学术监督机制缺乏、学术职业伦理规范疏漏等[①]。

6.图书馆、期刊社、出版社管理失位

一些期刊社与出版社的默许，在一定程度上助长了学术越轨行为的产生。对学术成果传播的载体——学术期刊与图书出版的流程与步骤管理不够严格。图书馆也没有承担起学术诚信的审查、监督职责，对学术期刊与出版物是否违反学术规范、学术精神等没有完善的审核机制。学术期刊结构不合理，学术研究与学术期刊之间供求紧张，尤其部分期刊采取商业化运作模式，对经济效益的追求远大于对学术价值的考量，以利润的最大化为目标，进而导致期刊编辑不作为，无视学术越轨行为[②]。

7.学术越轨成本低

学术研究是一项长耗时的工作，需要学者具备长时间的专业知识积淀，而且学术成果若不能被发表、为同行所认可，长时间的劳动将功亏一篑。学术越轨具有低成本、高收益的特征，预期收益大于行为成本，举报成本大于预期收益，而真正尊重科学规范所付出的成本又较高。学术活动中出现本末倒置的现象，一方面，使恪守规范的学者积极性受挫，导致学者间的不公平竞争；另一方面，助长了浮躁之气，严重破坏学术领域的价值标准，学术竞争更加激烈，导致学术越轨行为越来越普遍[③]。

（二）历史案例

学术越轨行为已成为世界学术界面临的一个共同问题。美国学者布劳德和韦博认为："每一个大作弊者被揭露出来，就会有一百多个类似的大作弊者逍遥法外，而每发生一起大作弊，就会有一千来起小作弊得逞""每

---

① 戎华刚.论中国学术职业伦理规范的失范 [J].国家教育行政学院学报，2011（3）：37-40.

② 朱剑.学术风气、学术评价与学术期刊 [J].苏州大学学报（哲学社会科学版），2011（2）：7-13.

③ 司林波，孟卫东.近十年国内学者关于学术越轨问题的研究综述 [J].阅江学刊，2014（4）：60-67.

一起被揭露出来的大舞弊，代表了大约十万起隐藏在沼泽般的科学文献废纸中的大大小小的舞弊"①。

20世纪80年代，美国爆出当时科学界最大的学术越轨行为事件——"巴尔的摩事件"，引起巨大反响。美国微生物学家、洛克·菲勒大学校长大卫·巴尔的摩（David Baltimore）虽因发现逆转录酶能将核糖核酸逆向转录为脱氧核糖核酸获诺贝尔奖，却因为对学术不端的青年合作者伊马尼希·卡里（Imanishi Kari）竭力保护，阻碍学术调查而引起了学术界的讨论与批评，影响恶劣，成为"巴尔的摩事件"。

2003年，国内学术界爆出学术越轨事件——陈进的"汉芯造假"事件。上海交通大学微电子学院院长陈进教授，从美国买来芯片，磨掉芯片表面原有的标志，加上自己的标识，声称是自己的科研成果——汉芯一号。多方的调查、取证显示"汉芯一号"实为造假行为。

2004年，韩国爆出了首尔大学教授黄禹锡干细胞学术造假的丑闻。黄禹锡宣布成功克隆了人类胚胎干细胞和患者匹配型干细胞，曾一度被认为是韩国的"民族英雄"，有望为韩国摘得诺贝尔奖。然而，学术调查显示黄禹锡发表在《科学》杂志上的干细胞研究成果属子虚乌有。

2014年，日本理化学研究所细胞再造实验室的研究团队负责人小保方晴子在英国《自然》杂志发表了两篇文章，声称发现了一种能更简便培养多能干细胞（STAP）的方法，这预示着器官移植将可能像换零件一样简单，引起了学界巨大反响。小保方晴子本人也被日本媒体称为本国的"居里夫人"。然而，调查显示其实验难以重复，论文造假。

第三节　高校学术期刊的自律

随着信息技术的飞速发展，信息传播的方式也发生了巨大变化。学术期刊在受到市场化与国际化浪潮巨大冲击的同时，在大学学术生态系统中的作用也愈加明显。享有国际声誉的高水平学术期刊在大学评价体系中影

---

① 威廉布·罗德，尼古拉斯·韦德.背叛真理的人们——科学殿堂中的弄虚作假 [M].朱进宁，方玉珍，译.上海：上海科技教育出版社，2004：70.

响较大。我国的学术期刊，在国际相关研究领域中的影响力明显不够强，在国内高校排名中尚能提供体现大学学术水平的参考数据，但在世界范围内的影响力排名仍有待提升。面对国内外激烈的竞争，高校学术期刊必须加强自律，在大学精神的引领下，享受学术自由的同时承担学术责任，杜绝学术越轨行为的出现，以推动我国高等教育和科学研究事业的发展。

一、学术期刊编辑工作的特殊性

国家对编辑工作做出了具体要求，体现出编辑工作的特殊性。编辑工作是整个出版工作的中心环节，是政治性、思想性、科学性与专业性较强的工作，又是艰苦、细致的创造性劳动。编辑人员的政治思想水平、知识水平和业务能力的高低，直接影响着出版物的质量。编辑人员对于提供有益的精神养料、防止精神污染，负有重大的社会责任[①]。

社会主义出版工作首先是宣传教育工作，具有鲜明的思想性和革命性；又是一项科学文化工作，具有很强的知识性和科学性；需要工作者和著译者互助合作，具有协作性；要注意出版物影响精神世界并指导实践活动的社会效果，同时要注意出版物作为商品出售而产生的经济效果，把最好的精神文化食粮供给人民，也就是需要坚持"双效益"——社会效益和经济效益相统一的办刊原则。学术期刊作为特殊的编辑出版产品，除具有以上出版物的共性之外，还具有独特的属性，因此不能仅仅满足于基本的出版要求。

（一）精神性和物质性

学术期刊为精神产品，是人类知识的组成部分，是人类创造出满足精神需要、传承知识与文明的载体，促进科技成果转移为现实生产力；作为物质产品，具有价值和使用价值，需要通过交换实现自身价值，为物化的精神产品。

（二）学术性

学术期刊的定位为"所刊出的知识内容均要有所发现、有所发明、有

① 中共中央、国务院关于加强出版工作的决定 [EB\OL].（2013-04-26）[2020-04-20]. http://www.bjsf.gov.cn/publish/portal0/tab72/info13851.htm.

所创造、有所前进,要能够反映先进水平,以促进科学技术的进步。只有这样,才能展示期刊的学术或技术水平,说明其质量。"[①] 学术期刊需要刊载作者首创的某专业领域的研究性成果。

(三)连续性

学术期刊作为出版物中期刊大类的子系统,具有所有期刊的共性,即属于连续、不间断的出版物。获得学术共同体的认可需要时间的积淀,其市场价值经过一期又一期走向市场、走向学术界方得到体现。学术期刊的品牌价值难以用金钱估量,这使得学术期刊评价方法也需使用一些延时性的指标,比如,当前国内的《中文核心期刊目录要览》("北大核心")所使用的期刊评价体系。"北大核心"是由北京大学图书馆联合众多学术权威对国内中文学术期刊的等级划分,对学术期刊的引文率、转载率等评价指标设定都有时间跨度。

二、学术期刊编辑的自律

学术越轨行为已引起越来越多人的关注,其产生的根本原因在于学者自身的素质。此外,期刊主办单位工作的失位,也是此情况产生的外部因素之一。因此,学术期刊作为研究成果能否问世的把关者,更要加强自律。高校学术期刊的生产过程中,编辑是工作的执行者,也是最重要的环节之一,其岗位具有双重属性——既是出版行业的专业技术性岗位,又是高校的工作人员;既要符合行业的技能与思想道德水准要求,又要完成高校人才培养的根本任务,这就要求其在从业过程中更加自律。

(一)明确自身的社会责任

学术期刊应把追求社会效益放在首位,而不是经济利益,不能片面地追求经济效益相关的发行量、版面费、广告费等。学术期刊除承担广义上的政治责任、宣传责任、经济责任、出版文化责任、科技创新责任等,在一定程度上还担负着引导思想、文化、科学的研究方向,判断思想、文化、科学的研究成果的作用。[②] 因此,学术期刊编辑从大方面来讲,要对人类社

---

① 黄松. 论学术期刊自律与防止学术腐败 [J]. 编辑学报,2007,19(3):167–169.

② 刘辉,赵文义. 学术期刊的社会责任 [J]. 长安大学学报,2012,14(3):113–115.

会进步、科学技术发展、文明健康意识形态形成及学术共同体负责；从小方面来讲，要对所编辑期刊、期刊的读者与作者、期刊的主管部门和发行方负责，具体可概括为以下几点。

1. 发挥学术期刊的导向作用，大灾面前快速反应

学术期刊是科技信息传播的窗口与平台，更是引导学术研究方向，促进行业发展、生产力转化、科技进步、服务经济社会发展的媒体[①]。学术期刊在重大灾害面前，具有寻求前沿技术支持与技术保障的条件与职能。比如，在国内 2003 年非典期间，SARS 病毒传播，一些期刊如中华医学学会系列杂志对此进行了选题报道，这为临床医生的诊疗工作提供了借鉴意义，也为同行之间交流诊疗经验提供了宝贵的学术平台。在 2008 年汶川大地震发生后，一些学术期刊做出了迅速、及时的反应，紧急出版灾区需要的研究报告，对相关研究成果也进行了跟踪报道。《华西口腔医学杂志》不仅发表了相关文章，甚至直接派编辑参加医疗实践[②]。

2. 为学术成果把关，在前期杜绝学术越轨行为的产生

抄袭、一稿多投、一稿多发在学术期刊编辑的工作中并不难遇到。一些投稿者一方面想寻求便利，即在实验或论述没有明确结果的时候，主观臆测；另一方面，想走提高论文录用率和缩短论文发表时间的捷径。于是，一些作者大段抄袭别人的研究成果，非法引用，甚至同一篇稿件发表在多个学术期刊上。针对抄袭，学术期刊编辑的学术不端检索工作尤为重要，且是绝对不能忽略的一环。同时，编辑也要注意在期刊网站或印刷实物中，对投稿作者与读者进行宣传与警示，起到警醒作用。除此之外，期刊编辑的送审稿件一定要符合专家的研究方向，以让专家进一步把关。

3. 学术期刊要具有高超的前瞻性

学术期刊编辑一方面要注重期刊的"精"与"专"，另一方面要注重工作"普"与"广"。

---

① 游苏宁，石朝云.应重视科技学术期刊的社会责任 [J].编辑学报，2008，20（6）：471–474.

② 汤亚玲，梁新华，王晴.汶川大地震中的《华西口腔医学杂志》[J].编辑学报，2008，20（5）：377–378.

1）所谓"精"与"专"，是指期刊编辑要具备"专家"属性，既要了解所负责栏目领域的相关情况专业化办刊，又要对编辑岗位本身的工作要求、法规政策、规范等不断学习。编辑要了解所报道的领域、行业、专业，紧跟科研发展的新动向，要不断研究新情况、解决新问题、形成新认识、做出新概括、开辟新境界，为学术的繁荣注入新的活力。不定期跟踪重点、热点领域中的一些重要专家及其团队的最新成果。不发表那些研究内容、观点和论证重复的文章。同时，学术期刊编辑也要认真学习《印刷业管理条例》《出版管理条例》《期刊出版管理规定》《期刊质量管理规定》《信息与文献 参考文献著录规则》（GB/T 7714—2015）等一系列国家政策、行业规则，以提高专业岗位技能，杜绝编校错误的产生。

国家已经建立了出版专业技术人员职业资格制度。《出版管理条例》第五十二条明确规定："国家对在出版单位从事出版专业技术工作的人员实行职业资格制度；出版专业技术人员通过国家专业技术人员资格考试取得专业技术资格。"学术期刊编辑需通过"全国出版专业技术人员资格考试"持证上岗，并按照规定每年参加继续教育时间不少于72小时。其中，面授形式继续教育不少于24小时，其余48小时可自愿选择参加经省级以上出版行政主管部门认可其形式的继续教育。只有这样，才能增强学术期刊的学术竞争力。

2）所谓"普"与"广"，是指学术期刊编辑要具备"杂家"属性，应注重期刊的社会价值。学术期刊所发表的成果不仅要"新"，也要有"价值"。学术期刊在学术成果的社会性及其社会运动过程中起着不可或缺的载体和中介作用，不能与社会实际脱节。学术期刊编辑要具备宣传素质，具有较强的政治敏感性，把精力聚焦于学术传播本身并维护和支持政治纲领与路线；要从国家利益的整体视角来看待宣传主体、宣传行为和宣传目的，使学术期刊的生产能够在促进思想市场繁荣的同时，增强国家的凝聚力和竞争力；要具备对前沿与方向的敏感性，学术期刊具有商品属性，这就要求学术期刊编辑能够把握市场规律，顺应知识经济的发展规律；学术期刊编辑要具备信息技术素质，随着微博、微信等新媒体技术的不断翻新，纸质传播逐渐被取代，改变了学术期刊与学术传播的市场结构、商务模式和传播形态，就学术期刊编辑的智媒体下的素质要求，本书将在第十章进行阐述。

（二）明确自身追求，强化学术至上的办刊理念

学术期刊编辑要提高自身服务意识，严格为学术期刊的学术严谨性把关，力求刊出的文章具有创新性与客观性。研究者可以同意或者不同意别人的学术观点，但是不能够抄袭别人的研究成果；可以发表自己的首创性成果，但是不能以"旧"换"新"，对别人的成果进行"移植""嫁接"；可以将自己的稿件投至不同期刊平台以展示、传播，但是不能一稿多投、一稿多发。这时，学术期刊编辑，作为学术成果刊出平台的"守门人"，需要具备较全面的素质并严格要求自己；要明确学术期刊属于精神财富，是社会学术产品的"物质"载体，不断传播、传承人类学术思想，积累学术文化，促进学术创新。

学术期刊编辑审稿时，首先要把握稿件的政治方向性，然后注重稿件学术水平的高低。中文期刊一定要对所有稿件通过中国知网学术不端检索系统等进行比对查重。对于科研态度不端正、存在学术越轨行为的稿件及时予以退稿处理。学术期刊编辑要树立牢固的服务意识，使编者、作者、读者三方能够在公平与公正的氛围中平等对话、交流、沟通，在阐述或解决学术问题时，充分体现学术的开放性与包容性，为学术研究提供"百家争鸣"的平台。

（三）把好审稿关，严格遵循审稿程序与"三审三校"制度

学术期刊编辑要严格按照审稿程序规范工作流程，遵循"三审三校"制度，先后由编辑、同行专家、编委或特约审稿专家、主编为稿件把关。就学术期刊编辑工作的内容、素质提升路径等，本书将在第七章中展开详细论述。

（四）建立学术期刊编辑准入制度和责任追究制度

当前，一些学术腐败现象与期刊编辑把关不严、不到位密切相关。个别编辑缺少全心全意"为人做嫁衣"的奉献精神，反而利字当头，使垃圾稿件成为"人情件""交易稿"，提供有偿服务，甚至明码标价。这种情况下，诞生了一些学术期刊中介网站和机构，进而恶性循环，成为学术腐败滋生的温床。一些编辑趁作者发表文章之机，要求变换作者姓名等，提出不合理要求。这就要求提高学术期刊编辑行业的准入门槛，加强对编辑职业的道德教育。

首先，做到编辑行业自律，制定相关自律条款。所谓学术期刊自律，即学术期刊要"自己严格约束自己"，加强自律机制建设，制定一些从事编辑工作的自律条款或是编辑行业的道德信条，严格把关，提升敬业精神。

其次，对编辑加强业务培训，使编辑从业者将社会担当化作自觉行为。

再次，具备较高的学术素养与信息素养，加强对抄袭和剽窃行为的鉴别能力。在对中文稿件审稿时，一定要使用中国期刊网、中国科技期刊数据库和万方数据库等工具，来提高鉴别抄袭、剽窃学术成果的学术论文的能力。

最后，加强自身道德建设，自觉抵制金钱、权力、职位、名誉等诱惑，将学术价值和自身的尊严放在最优先的位置。

就责任追究制度而言，期刊部门需建立权责分明的编辑出版制度与管理条例，严格遵循"三审三校"制度；落实考评办法和奖惩措施，建立"事后责任追惩制度"，一旦稿件出了问题，责任到人，避免事后产生互相推诿责任的情况；加强编辑队伍学者化建设，使编辑既是专家又是杂家，既精通编辑业务又对发文领域的研究方向和层次、专家学者构成有深入研究。

第六章

高校学术期刊
对本校发展的作用

高校学术期刊立足于本校学术资源办刊，无论从官方规定的角度还是从实际出版运营的角度，本校师生都是主要的作者来源。以高校综合性学术期刊（学报）为例，按照教育部 1998 年颁布的《高等学校学报管理办法》，高等学校学报是高等学校主办的以反映本校科研和教学成果为主的学术理论期刊。[①]同样，高校专业性学术期刊的发展也以本校相关专业的发展为基础。高校学术期刊通过展示本校专业与学科的科学研究成果，反映与影响本校的办学层次与水平，以及人才培养、科学研究、社会服务、文化传播职能的实现情况；办刊过程中，要注重大学精神的引领作用，保持"自治、自由、自律"的办刊理念以维护大学乃至整个学术生态系统的健康运行。

第一节　大学排名与学术期刊

大学排名指一般依据科学研究和教学等标准，根据研究报告和学术论文等发表情况，对相关大学在数据、成就、声望等方面进行数量化评鉴，再通过加权后形成的排序。目前，国际大学排名有英国《泰晤士高等教育》杂志世界大学排名、英国 QS 世界大学排名、美国 US News 世界大学排名等；国内大学排名有校友会版中国大学排行榜等。本研究以武汉大学中国科学评价研究中心研究发布的《2015—2016 世界一流大学与科研机构竞争力评价研究报告》（以下简称《报告》）为例。

《报告》将世界一流大学科研竞争力的评价指标设定为科研生产力、科研影响力、科研创新力和网络影响力 4 个部分，具体的指标体系如表 6-1[②]所示。其中，论文遴选自美国《基于科学指标（ESI）数据库》，论文相关指标在"世界大学科研竞争力评价指标体系"中的二级指标体系中占绝对的数量优势，分别为收录论文数、论文被引数、高被引论文数和热门论文数，合计为 4 个。其次为进入排行学科数、发明专利数和国内外网络排名，三

---

① 中华人民共和国教育部.教育部办公厅关于印发《高等学校学报管理办法》的通知[EB/OL].（1998-04-01）[2020-04-20].http：//old.moe.gov.cn//publicfiles/business/htmlfiles/moe/moe_771/200407/1049.html.

② 赵蓉英，凤娇，冯雪峰，等.2015—2016 世界一流大学科研竞争力评价与结果分析[J].评价与管理，2015（3）：24-29.

者数量相同，均为 1 个，如图 6-1 所示。由此可见，高水平科学研究论文的发表情况是衡量一所高校科研水平乃至整体水平的重要指征。

表 6-1　世界大学科研竞争力评价指标体系表

一级指标	二级指标
科研生产力	收录论文数
科研影响力	论文被引次数
	高被引论文数
	进入排行学科数
科研创新力	发明专利数
	热门论文数
网络影响力	国内外网络排名

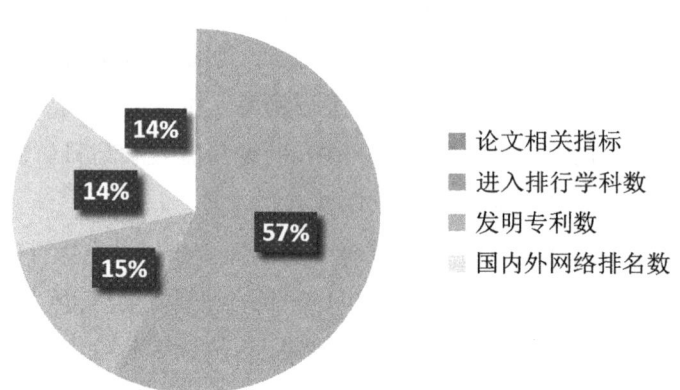

图 6-1　《报告》各指标数占总评价体系的比例

第二节　学科建设与高校学术期刊

学术期刊的使用价值主要体现在社会效益上，并具有深远的影响力。高校学术期刊与学科建设之间互相促进，办刊特色往往就是重点学科的体现，并促进重点学科的发展；重点学科的发展反过来带动学术期刊整体水平的提升，二者形成互惠互利、互相促进的联合体。①

一、高校学术期刊对学科建设具有服务与引导作用

高校学术期刊对人才培养和教师梯队建设具有服务与助推作用，在巩固优势学科、培育新兴学科、培养学科人才、宣传科研成果等方面作用明显。高校学术期刊是高校学科建设成果的展示平台，也是技术传播的重要窗口，对学校的发展起到显性与隐性的重要影响，是提高学校科研实力和竞争力的重要途径；反过来，本校学科的发展又对办刊水平的提升起到奠基作用。

当前，国内高校学术期刊主要包括学报和专业性学术期刊两种。学报一般遵循"坚持学术强刊，促进内涵式发展"的策略，离不开本校的学科建设与发展；高校的专业性学术期刊，往往为某一学科领域的学术交流平台，与本校相关学科的发展密切相关，既引领学科的发展方向，又助力学科的人才培养。学科建设中，本校研究队伍的梯队建设至关重要，研究人员是学科建设的主体和主要构成要素。高水平的高校学术期刊是优质学术成果的展示平台，能更快地扩大研究人员这一本校学科建设的子系统"要素"在学术共同体中的影响力，进而引导学科的发展。

二、学科建设为高校学术期刊提供人才与资源支持

目前，学术期刊有多种评价方法，就评价结果来看，大部分"双一流"高校的学术期刊所属层次较高，如入选北大核心和 CSSCI 来源期刊等，其所对应的本校学科发展情况在国内也往往处于领先地位。学术期刊的发展有赖于学科的发展，而学术期刊又引领学科的发展方向，促进学科的人才培养和成长。②

首先，优质稿源是高校学术期刊生存和发展的必备条件。学科建设形成人才梯队，进而为学术期刊提供丰富、高质量的稿源。就高校学者的学术生涯而言，其在默默无闻阶段，学术成果一般很难在校外名刊、名栏上发表，

---

① 卢美凤.高校学术期刊与重点学科建设的互动发展 [M]// 马应森.学报编辑论丛（第10集）.南昌：江西高校出版社，2002.
② 高雪莲，杨慧霞，付中秋，等.专业学术期刊与学科发展相辅相成 [J].编辑学报，2014（1）：71–73.

往往只能选择本校学术期刊。学者在真正成长以后，为本校的学科发展起到积极的带动作用时，可为学术期刊提供优质的稿源，起到人才支持作用。同时，通过自己的课题和学术影响力等因素为本校学术期刊提供资源支持。

其次，以大型会议等学术活动的主办推动期刊的发展。学科的快速发展、大型学术会议的举办、高校学术期刊的发展，三者间相互促进。学术活动的主办，可以让编辑更进一步地了解到学科发展的前沿、方向，发现好选题，挖掘好稿源，培养更广泛的作者群，同时，也便于开辟专栏、进行组稿等。提升高校学科建设水平，为高校学术期刊的质量提供支持与保障。

最后，鲜明的学科特色，为高校学术期刊特色栏目的开设提供基础。高校学术期刊编辑准确把握学科发展方向，通过优先发表相关学术论文、设置相关栏目对学科的研究进展情况予以及时、准确的把握。高校学术期刊必须与本校学科发展相协调、适应并结合在一起，否则将成为无源之水、无本之木。发现并培养人才，既是高校的根本任务，也是学科建设和高校学术期刊发展的任务之一。高校学术期刊与其专业人才、学科发展的关系如图 6-2 所示。

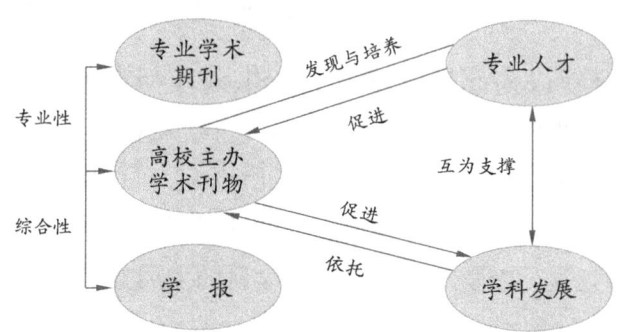

图 6-2　高校学术期刊与专业人才、学科发展的关系

就本校的强势学科而言，学术期刊可以通过栏目设置、增加版面、缩短论文发表周期、稿费奖励等多种方式，予以政策上的倾斜与支持，进而为强势学科提供更为便利的发稿条件，为强势学科的人才关注期刊、支持期刊发展增加动力。

就本校的弱势学科而言，学术期刊可利用自身作为学术成果传播媒介的优势，在学者成长和学科建设上，通过持续关注与支持一些重点基金项目、为本校学者提供外校同研究方向的合作学者资源、指导与培养有潜力的年轻学者等，突出学科特色，培育学科亮点，助力本校相关学科的快速成长。

第三节　高等教育内涵式发展与高校学术期刊

在党的十九大报告中，习近平总书记明确要求"实现高等教育内涵式发展"。这是在中国特色社会主义进入新时代，我国社会主要矛盾发生新变化的大背景下，高等教育发展方式必须变革的时代要求，也是我国高等教育自身健康发展的内在要求。当前，我国高等教育正处于由大众化向普及化过渡的特殊阶段。高等教育规模迅速扩大给高校人才培养造成巨大压力。一些高校将精力集中在规模扩张、校名更改、土地扩大、层次升格上，进而导致高校扩招后呈现出资源紧张、师资力量不足和发展趋同化等问题，并在学科建设、人才培养、师资队伍建设、管理体制和大学精神弘扬等内涵式发展上存在滞后现象。

所谓内涵式发展，是指高校的学科建设水平、人才培养能力、科学研究能力以及社会服务的能力等诸多核心竞争力的提升[1]。如何以科学发展观为指导，使高校从重视"量"的外延式发展道路转变到重视"质"的、以提升软实力为主的内涵式发展轨道上来，探寻一条适合当地经济社会发展现状的道路，已经成为亟待解决的问题。高校学术期刊与高等教育内涵式发展关系紧密。

一、高等教育内涵式发展

实现高等教育内涵式发展，是要将高等教育发展集中在提高高等教育的质量上来，从管理、师资、学风和特色等方面入手，而非强调外延式的增长模式。外延式发展模式的主要缺点为：高校、系科专业在各省区重复设置、平均用力、小型分散、低水平重复、效益不高、质量不高等。随着高等学校的大规模扩招，高等教育呈现出"大学城建设""教育产业化"等现象。

---

① 何云峰.中国高等学校应尽快实现从外延扩展到内涵发展的基本转变[M]//何云峰，盛春.理论经纬.合肥：黄山书社，2012：400-407.

由于外延式增长过程中存在的诸多弊端，因此需要通过改革，走内涵式发展的道路。我国的高等教育在进入大众化阶段后，必须树立科学的高等教育发展观，提高质量，走特色办学的内涵式发展道路[①]。

二、高校学术期刊与高等教育内涵式发展

一般认为，高校学术期刊与高等教育需要在一定机制的作用下，才能起到相互促进的作用；倘若机制不完善，将适得其反。

首先，高校要明确自身定位，进而明确办刊方向。高校学术期刊集中代表着高校的科研水平，除作为学术期刊的价值以外，还对所在高校的软件建设和长远发展起着重要的作用。学校要从政策制度层面，加大对期刊管理体制改革的步伐，提高刊文水平与学术影响力，探索学术期刊既适应自身发展规律又能助力高等教育内涵式发展的路径。

其次，学术期刊自身要立足于本校学科发展的现状，展示校内研究成果。一些高校学术期刊由于办刊定位、管理不善等原因，尚未充分发挥出推动高等教育内涵式发展的作用。要在激烈的期刊行业竞争中具有一席之地，就需要在稿件质量、编校质量、出版质量、服务质量、发行定位等诸多方面下功夫，适应本校学科发展和人才培养建设的步伐，顺应期刊出版行业的客观规律，以提高竞争力。

第四节　办刊对本校发展的作用

一、高校学术期刊是教学科研成果的展示窗口

高校学术期刊首先立足于本校，发表本校最新的教学与科研成果，成为向其他院校和科研院所展示成果的窗口与平台，且通过连续的、周期性的公开发表与传播为本校专家、学者、教师和学生呈现学校的科研与教学水平，进而彰显学校的办学实力，让更多人了解学校的发展现状。一流的知名高校离不开一流的专家、教授团队，离不开高水平的学术成果，也离

---

① 孙菊.以提升软实力为主促进河北省高等教育内涵式发展[J].教学研究，2013（1）：16-19，123.

不开一流的学术期刊。高水平学术期刊是学校软实力的重要标志之一。可以说，高校学术期刊与本校的教学科研水平密切相关、相辅相成。

二、高校学术期刊是教学与科研的组成部分

学术期刊是高校教学与科研工作的重要组成部分，体现了高校相关研究成果的水平。科学研究的实质是探索与研究未知，学术期刊是学术研究成果应用与推广的媒介，高校学术期刊是高校工作者展示学术成果的直接与重要渠道。科研课题申报成功后，一般最终需要按要求将研究成果发表在学术期刊上，通过传播成果发挥科学研究的公益价值，并借此媒介鉴定科研成果的水平。国内外往往通过衡量学术期刊的学界地位来评估文章的学术价值，即刊载学术文章期刊的层次体现了此项研究的学术价值和水平，这就是虽饱受业内诟病却一直被大部分学者所认可的"以刊评文"现象。除此之外，教育部对高校学术期刊进行了政策上的规定，"高等学校学报工作是高等学校科研和教学工作的组成部分""学报编辑人员属于学校教学科研队伍的一部分，学报编辑人员的职务评聘、生活待遇以及评优表彰等方面应与教学科研人员同等对待"①。

三、高校学术期刊体现了人才培养情况

高校以人才培养为根本任务。我国的《高等教育法》明确规定，高等教育的目标是"培养具有创新精神和实践能力的高级专门人才"。高级专门人才是一种复合型概念，具有全面性、专业性和创造性的特点。在高级专门人才中，研究生为其中更加"专门"的群体。研究生教育是培养高层次专门人才的活动，是知识、智慧、人格高度统一的高级专门人才教育。当前，高校人才培养使命的完成情况，尤其是研究生培养情况，与高校自身的教育水平与科研实力密切相关，而这些水平与实力的体现都与学术论文水平密切相关。比如，在研究生培养质量评价体系中，影响研究生教育质量的因素就包括导师水平、生源质量、科研水平等，也包括高校办学结

---

① 中华人民共和国教育部.教育部办公厅关于印发《高等学校学报管理办法》的通知 [EB/OL].（1998-04-01）[2020-04-20].http：//old.moe.gov.cn//publicfiles/business/htmlfiles/moe/moe_771/200407/1049.html.

构和学科发展情况。导师水平、科研水平、学科发展情况等都离不开学术论文水平这一衡量指标。高校学术期刊作为本校学术成果展示的重要窗口之一，既可展示本校教师的研究水平与层次，也可展示在校生，尤其是研究生的科研水平。可以说，高校学术期刊的水平与档次与本校学生，尤其是研究生培养质量密切相关。

四、高校学术期刊是人才培养的助推器

学者的成长不可能一蹴而就，而是一个漫长的过程。高校学术期刊是人才培养的助推器，在某种意义上讲也是科学研究成果的孵化器。一批批名不见经传的青年教师和科研人员，乃至在读硕士生、博士生，通过在学术期刊发表论文，崭露头角、初露锋芒；卓有成绩的中年教师和科研人员，通过在学术期刊发表最新研究成果，得到更多同行专家的认可，为取得更高学术成就创造了条件；知名专家与教授在学术期刊上发表最新研究成果，代表学科发展最前沿的方向，启迪、培养与提携后起之秀。一些高校学术期刊也会通过讲座或学术会议的形式主动邀约著名学者，与专家建立良好的互动关系以提升办刊水平，校外专家的交流互动也为本校人才培养提供了更多的学术信息与资源。

第五节　学术期刊对学科发展作用的反思
——以 STEM 教育为例

为进一步明晰学术期刊对本校、本地乃至国内学科发展的作用，本节将以 STEM 教育在中国的本土化为例，进行由起源到主题发文，再到本土化情况的分析，以探析学术期刊实现学科引领作用的路径，彰显研究的预见性与前瞻性。

一、STEM 教育背景概述

STEM 教育即科学（science）、技术（technology）、工程（engineering）和数学（mathematics）的英文简称（图 6-3），作为一种全新的教育形态，强调多学科融合，属于自美国而来的舶来品。其最主要的核心特征是跨学

科和整合性，产生基于实用主义哲学的教育国策与保持国际领先地位的人才理念[①]，背景与美国认为 STEM 教育能够解决国家与经济方面的安全问题，进而保持国际领先地位密切相关。

图 6-3 STEM 教育

1986 年，美国发布第一份关于 STEM 的指导性文件《本科学科、数学和工程教育》（Undergraduate Science, Mathematics and Engineering Education）标志着 STEM 教育的开始[②]。奥巴马任美国总统后，颁布了《美国振兴及投资法案》并将 STEM 教育的推行写入法案，进而从国家层面为其实施提供了保障。美国 STEM 教育的推广不仅借助于政府推动，企业也起到了积极的作用。比如，盖茨基金会和纽约卡内基公司利用资金、资源、影响力等促进 STEM 公益教育事业，激励青少年学习 STEM，推动基于 STEM 的教育改革[③]。除美国外，英国 2017 年出台的《建立我们的工业战略绿皮书》、澳大利亚的《STEM 学校教育国家战略 2016—2026》、加拿大的"加拿大 2067"计划，芬兰 20 世纪 90 年代颁布的 LUMA（芬兰语 STEM）计划均体现了 STEM 教育在学生教育与素质提升中的重要意义。STEM 教育注重学科知识、生活经验、学习者中心整合的取向，具有跨学科、趣味性、体验性、情境性、协作性、设计性、

---

① 祝智庭，雷云鹤，STEM 教育的国策分析与实践模式 [J]. 电化教育研究，2018（1）：75-85.

② The White House. Preparing Americans with 21st Century Skills Science, Technology, Engineering, and Mathematics （STEM） Education in the 2015 Budget[EB/OL]. （2016-01-12）[2020-04-20]. https://www.whitehouse.gov/sites/default/files/microsites/ostp/fy_2015_stem_ed.pdf.

③ 钟柏昌，张丽芳 . 美国 STEM 教育变革中"变革方程"的作用及其启示 [J]. 中国电化教育，2014（4）：18-24，86.

艺术性、实证性、技术增强性的特征[①]（图6-4、6-5、6-6）。

图6-4　STEM教育课堂活动展示（一）

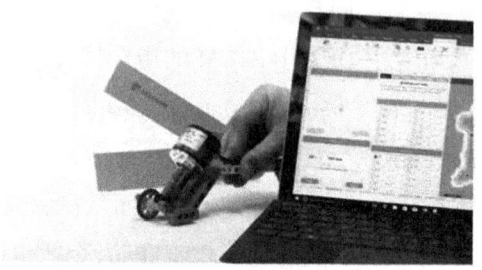

图6-5　STEM教育课堂活动展示（二）

图6-6　STEM教育课堂活动展示（三）

二、STEM教育国内发文与实施情况分析

本研究就当前国内STEM相关的发文情况进行总结与分析。STEM教育

---

① 余胜泉，胡翔.STEM教育理念与跨学科整合模式[J].开放教育研究，2015，21（4）：13-22.

与 MOOC（massive online open course）、翻转课堂（the flipped classroom）同样属于先在美国等国家实施后，后引入国内的教育模式。国内学者在 STEM 教育的本土化问题，即 STEM 教育如何在中国完美落地并推行问题上达成共识：就课程设置方面而言，美国的 STEM 教育通过理工科的意识、思维和能力为培养创新人才奠定基础，国内 STEM 教育在实践部分都在照搬或翻译美国教育相仿的课程[①]，本土化不够；国情的不同，所以对一线教学者的素质和工作方法要求产生了变化，导致 STEM 引入后实施起来难度较大。

（一）STEM 教育的国内发文情况

已有学者对 STEM 教育国内发文情况进行了数据分析。国内 STEM 教育研究者主要为基础教育研究人员，来自高职院校和大学科研院所。郎景坤等以 2010—2018 年间，通过设置条件对 255 篇发表在北大中文核心期刊和 CSSCI 期刊上的论文为数据来源采用 CiteSpace 软件进行整体分析，认为当前应采取如下措施：推进 STEM 教育实践应用；优化顶层设计，健全教师培训体系；借鉴国外 STEM 教育经验，加速本土化进程[②]。朱萌等运用 CiteSpace 分析中国知网"高级搜索"选项设定检索关键词，共收集 243 篇文献并进行分析，得出国内 STEM 教育研究涉及大学、高等职业学校和基础教育的研究人员，教育呈现多样化趋势，但仍然存在两个问题：一是缺乏对 STEM 教育评估方面的研究，对教师相关研究培训等方向研究较少；二是对 STEM 教育过程研究较弱，即课程、项目、教学模式和学习方法等是其外在和载体，需要对国内课程和学习项目进行创新[③④]。

（二）STEM 教育的国内实施情况

就当前 STEM 教育的实施情况来看，赵兴隆等认为 STEM 教育存在五大争议，STEM 教育的本质、本土化、教育与创客的关系、人才培养和课程

---

① 赵兴龙，许林 .STEM 教育的五大争议及回应 [J]. 中国电话教育，2016（10）：62–65.

② 郎景坤，赵艳 . 近十年我国 STEM 教育研究的 CiteSpace 可视化分析 [J]. 黑龙江生态工程职业学院学报，2019（3）：91–93，122.

③ 朱萌，胡来林，王艳茹，等 . 基于知识图谱的国内 2010—2018 年 STEM 教育研究热点及趋势分析 [J]. 中小学信息技术教育，2019（Z1）：59–62.

④ 赵佳丽，罗生全，孙菊 . 教育大数据研究范式的内涵、特征及应用限度 [J]. 现代远程教育研究，2020（4）：57–64+85.

的争议[①]。祝智庭等认为，国内 STEM 教育需创办教育专业、开展该专业教育教师培训课程、组建教育团队、设立教育研究机构和教育特色校[②]。我国也颁布了《中国 STEM 教育白皮书》（以下简称《白皮书》），推动《国家创新驱动发展战略纲要》的实现，以应对全世界范围内新一轮技术革新和产业升级，优化人才结构，提升学生的创新创造能力，为国家人才培养提供参考与支持。在基于权重排序的白皮书文本关键词前 50 位中"学生""科学""人才""教师""学习""课程"分别居于第 2、5、6、8、9、10位，可见我国对学生科学素养的培养、对创新型人才、对 STEM 教育师资情况的重视。青年和少年是 STEM 教育的重点培养对象。STEM 教育师资的缺乏，尤其是技术工程类教师缺乏，是目前制约学校开展 STEM 教育的主要因素[③]。现有的研究层次中，基础研究为主，高等教育次之；研究机构分布中，发文数量前三位依次为华东师范大学、北京师范大学、上海师范大学；研究类别集中于教育理论与教育管理（占 36%）、中等教育（占 24%）、高等教育（占 15%）[④]。由此可见，现阶段发文还是以师范大学师生所做的基础理论类成果为主。

三、学术期刊及编辑的使命

随着经济社会的发展，单一的教育模式已远远难以满足国内教育发展现状的需要。要提升人才培养质量，提高学生动手实践能力，进一步确保我国的国际竞争力，STEM 教育由国外引入并真正落地、适应本土的教育环境势在必行。目前，国内 STEM 教育的研究以理论性研究为主，落地实施措施与应用推广不足，这一观点在国内学界中已获得共识。学术期刊如何发挥自身作用，以推动先进教育理念作用的发挥，值得进一步反思与阐释。

[①] 赵兴龙，许林 .STEM 教育的五大争议及回应 [J]. 中国电化教育，2016（10）：62-65.

[②] 祝智庭，雷云鹤 .STEM 教育的国策分析与实践模式 [J]. 电化教育研究，2018（1）：75-85.

[③] 陈凯，夏晶，陈悦 .《中国 STEM 教育白皮书》的文本挖掘 [J]. 基础教育，2019（3）：25-38.

[④] 王素 .《2017 年中国 STEM 教育白皮书》解读 [J]. 现代教育，2017（7）：4-7.

（一）学术期刊的作用

学术期刊主要发表经过同行评审、涉及特定学科的学术论文，通过将相关研究领域成果见刊，起到展示和公示的作用，内容以原创研究、综述文章、书评等形式的文章为主。学术期刊在科技发展中具有专业性、学术性与严肃性的特点[①]。学术期刊可细分为两类——综合性学术期刊（如"学报"等）和专业性学术期刊。二者的发刊范围不同：前者更宽泛，而后者集中于科研、教育的某一领域，被划定在一定"圈子"内，比如管理类、教育学类、经济类，与其他"圈子"界限相对分明。二者比较，后者受众面更集中、传播目标更准确、传播效率（互引率）更高。通过第二章对学术期刊作用的阐述，可以认为，其作用贯穿于学术研究、学术传播、学术评价与学术传承四个环节。

1.专业上的引领与导向作用

它不仅是学术平台，也是展现学术成果的窗口，是学术百家争鸣之地，刊载国内外处于领先水平的研究成果，能及时反映当前的研究热点、难点及前沿问题。不同层次的学术期刊，对学科有着不同的学科影响力。在国际一流学术期刊上发表的学术成果，更能彰显其学术地位和影响力。

2.具有知识传播与评价作用

学术期刊记载新的知识成果，具有传播知识与思想的职能。学术论文作为一种媒介，通过同行评议在公开发行的学术期刊上发表，相比普通研究报告能够更好地受到全社会的认可，传播速度更快、更广泛，针对性强，将科研成果列入人类社会的宝库。同时，完善的期刊评价制度必不可少，学术论文与所刊发的学术期刊影响力与传播速度密切相关。

3.与学科发展相辅相成

第一，专业性学术期刊推进学科发展及分支学科的形成，比如通过重点栏目策划、专家推荐国外的高水平论文，或刊载国外最新研究成果和热点等方式。第二，学术期刊可以在信息海量更新、更迭周期迅速加快的情

---

① 龚璇.如切如磋，如琢如磨——专业学术期刊在市场竞争中的定位与发展探析[J].中国出版，2010（19）：56–59.

况下，补充完善教材内容。第三，学者通过与编辑部交流、沟通，以发文等形式为路径实现自身在学术领域的成长，为学科发展培养人才[①]。

（二）学术期刊编辑的专业性

学术期刊的编辑岗位具有很强的专业性，因此要求编辑要掌握出版专业技术知识，要准确把握学科发展方向，还要成为一名"社会活动家"。在期刊行业内部，"编辑学者化"的呼声由来已久。

1.具有专业底蕴

编辑能够对稿件进行规范化操作，就文章的学术水平有前瞻性的把握与认知，结合期刊的层次水平进行筛选后对稿件"粗加工"，即对应期刊的性质，将来稿按照统一的框架格式进行编排，能够做到文字处理工作的"信、达、雅"。

2.发挥创新和导向作用

学术期刊后一期是对前一期在内容、形式和风格上的承接、延续与创新，具有出版的连续性，这就需要编辑以发展的眼光来衡量稿件，要有一双善于发现的眼睛，对于首创的观点、思想和研究思路予以及时的重点关注。编辑要对所负责期刊、栏目等的专业方向具有足够的积淀，才能够客观地评价文章的创新价值，不能因为文章的观点与之前学术权威的有所不同，或与自身的认知有所差异而对稿件的创新点予以否定。就导向性而言，编辑要进行选题策划、组稿、编辑加工等工作，注重挖掘、刊发有导向价值的学术论文，关注本领域前沿、热点和难点问题。"最高""最新""最前沿"的特点也体现了高校学术期刊的学术价值和社会价值。

（三）何为"好刊"

如何判定一本学术期刊是否为"好刊"？仁者见仁，智者见智。作者与专业评刊机构的视角不同，不同评刊体系的评价指标不同，结论也会不同。从作者角度来看，"好刊"可包含以下几点：第一，学术声誉好，具有品牌效应；第二，学术内容质量高，刊载学术论文质量高、创新性强，有较高的录用标准；第三，发文速度快，从作者投稿到发文周期较短；第四，

---

① 高雪莲，杨慧霞，付中秋，等.专业学术期刊与学科发展相辅相成[J].编辑学报，2014，26（1）：71-73.

传播范围广，便于检索与阅读，通过多渠道推送，在国内、国际都具备影响力；第五，学术影响力大，具有高水平作者群 [①]。从目前国内评刊角度来看，"好刊"可依据以下评价渠道：第一，源自各个学科领域学会、社科基金会等的优秀期刊评价；第二，由学术机构承担的核心期刊评价；第三，引文来源期刊评价 [②]。从科技文献计量学角度看，"好刊"具有较高影响力，而影响力由影响因子、总被引频次、被引广度等多种数据决定。

笔者认为，要办"好刊"，办刊主体除了需要考虑读者对象、作者群体以及评价指标外，还应具备强烈的社会责任感与历史使命感。学术期刊在学科新理念引入的过程中，要发挥积极的助推作用。

四、学术期刊对 STEM 教育研究本土化的推进作用

教育的价值体现在学生的知识掌握上，更体现在学生思维的发展上，其核心是批判性思维和创造性思维，二者是人类思维发展的高级阶段。因此，教师要改变学生的知识结构，增加学生跨学科、跨领域知识，保护学生的好奇心与想象力。STEM 教育适合人才发展的规律，也符合教育根本目标的实现。就其在中国落地过程中面临的师资和课程等问题，学术期刊尤其是教育类专业学术期刊，应采取积极措施应对问题，以发挥作用并完成自身使命。

（一）利用资源优势，引领学科发展，推动国内 STEM 教育理论与实践的创新

在这个环节中，尤其是高校与科研院所主办的学术期刊，由于具备学术资源优势，因此更要树立责任意识，解决一部分 STEM 教育本土化面临的问题。针对国内应用实践部分经验成果的缺乏，编辑部可以通过约稿、组稿等方式，联系或寻找优秀的课程开发团队与师资队伍，对其成功经验予以刊发。学术期刊的受众具有特定性，有自身的读者与作者群，同时也具备编委、外审专家等相对高层次、高职称的专家库资源，这将对成果的展示起到大力助推作用。

---

① Solomon D J. A Survey of Authors Publishing in Four Megajournals[J].Peer J, 2014(2): e365.

② 叶继元 . 学术期刊的质量与创新评价 [J]. 浙江大学学报（人文社会科学版），2013，43（2）：108–117.

国外覆盖学习科学知识、运用科学方法及动手操作的课堂教育与国内以应试教育主导的理念冲突重重，国内课堂往往受到客观硬件条件的限制，班级人数较多，难以开展全班范围的动手活动，导致 STEM 课程本土研究成果不够丰富，不足以支撑相关课程体系的开发与应用，使构想中 STEM 教育课程的教师教育体系根基阙如[①]。STEM 教育本土化过程中，学术期刊应该结合自身资源优势做到以下几点。

1）鉴于当前国内缺乏对 STEM 教育评估方面的研究，对教师培训方向的研究也较少，编辑应凭借自身的资源优势，解决国内教育急需解决的问题，可采取约稿、组稿的形式，与读者、作者、同行等积极沟通；以该评估方向拟题或者开专栏、专刊，邀请学者（尤其是具有行业影响力与话语权的知名学者）专门就此方面研究并撰写论文；以学术论文为载体，使学者发出基于研究的声音，通过刊载论文成果引领国内 STEM 教育的发展方向。当然，此方面主要集中于高校中教育理论方向的研究者。

2）鉴于学者对 STEM 教育过程研究较弱，即课程、项目、教学模式和学习方法等是其外在与载体，需要对国内课程和学习项目进行创新[②]。对美国的 STEM 教育综合课程建设观摩研究显示，STEM 教育在低龄学段追求简单有趣，以提高学生学习兴趣和对语言、文字表达理解能力为主；高中阶段追求应用、整合教学内容和作品[③]。这就要求编辑们也将精力集中在一线教师身上，通过利用身边资源，多渠道地了解其在教学实践中的突破与进展，并及时地刊载 STEM 教育在课程、模式、方法等方面的突破与创新，以学术期刊为载体，通过传统纸质媒介和新媒体形式（如微信公众号、微博等）传播，为国内优秀教学成果的推行、本土化跨学科融合性精品实践课程的打造，提供传播渠道保障。及时发现并报道 STEM 教育在国内教学中的突破与创新这一环节，对解决当前 STEM 教育本土化问题至关重要，能够真正引领国内

---

① 赵蒙成，范晓洁 .STEM 课程本土化：现状、困境与发展路径 [J]. 教育与教学研究，2019，33（5）：11-22.

② 朱萌，胡来林，王艳茹，等 . 基于知识图谱的国内 2010—2018 年 STEM 教育研究热点及趋势分析 [J]. 中小学信息技术教育，2019（Z1）：59-62.

③ 冯华 .STEM 教育视野下的综合课程建设 [J]. 中小学管理，2016（6）：14-16.

教学实践，特别是中小学实践课程的改革。

（二）顺应现行学术期刊评价制度，也要兼顾国内 STEM 教育发展现状，明确历史使命与责任

由于国内 STEM 教育发文作者群体分为两部分：一部分是以理论研究为主的，对国外现有成果分析与挖掘；另一部分集中在基础教育教学领域，属于课程与实践部分的创新。鉴于 STEM 教育国内发文的特点，要解决本土实践中 STEM 教育落地问题，对教学的创新研究部分必不可少，研究者要面对如下两个问题。

1.该类文章对期刊数据的影响

教学研究类文章发文集中于微观领域，进而导致同等条件下，普通教学类文章，尤其是中小学教学类文章的发文转引率与综述性文章相比更低，会降低期刊综合影响因子等评刊数据，而这些硬性数据决定着期刊是否能够成为"重量级"期刊——入选北大核心、CSSCI、SSCI 等目录，这也是众多学校职称评定、上岗考核与学科评估的依据。

2.发文作者学历层次相对偏低

一些中小学教师虽然身处教学一线，手握最新的一手资料与数据，但是由于缺乏学术论文撰写知识的训练，难以对实践成果进行凝练，学术论文格式表述基础较薄弱。如对选题与文献的梳理使用、逻辑论证缺乏学习，文章缜密性、科学性、学理性与严谨性欠佳。就 STEM 教学领域创新在其本土化中的重要地位，学术期刊需要在文章影响因子等数据与社会价值间权衡利弊并取舍，寻找平衡点，真正发挥学术期刊的记载、评价、引领、传播作用。编辑部需要定向约稿，通过专刊与专栏的形式，发表系列性、有意义的文章，并邀请专家对这些稿件提出详细的修改意见，后期也需要编辑们下大文字功夫，协助作者对论文观点提炼与升华并最终成文。

（三）指引学科发展新方向，积极搭建展示 STEM 教育理论与实践创新平台

如前所述，一本"好刊"，要塑造品牌、声誉，展示学科发展最前沿的内容必不可少。学术期刊都具备自身资源优势，大部分有官方网站、微信公众号，纸质期刊和电子版期刊，也有编委专家与作者资源，可以通过办会（主办与协办）、参会、关注会议等多种形式，以及邀请业内专家翻译国外最新论著，或发表原创性论文等多种形式助推学科发展。以笔者所在的《教学研究》期刊为例，在推动 STEM 教育研究的本土化过程中，利用会议资源为其搭建创新交流平台。

五、学术期刊对学科发展作用的反思

（一）增强社会责任意识，拓宽服务领域

长期以来，科研院所和高校教师将学术论文撰写与评职、上岗、评奖等物质因素挂钩，进而将注意力集中在论文投发期刊的档次上。学术期刊为了应对读者、稿源和评刊的要求，也将注意力集中在了各项数据与指标的提升上。比如，由于涉及引用率问题，一些期刊更青睐于发长稿件、对作者层次要求越来越高，将更多精力倾注于以专家为对象的约稿、组稿和专栏策划之上。鉴于此，学术期刊应在顺应期刊评价指挥棒的同时，提高思想意识，以当前社会热点问题的解决为己任，发挥学术期刊的引领与导向作用。高校学术期刊除发挥宣传科研成果的作用外，作为高校复杂系统的子系统，也应该具备双重属性，即与高校的根本任务——人才培养保持一致。

（二）利用自身资源优势，对学术成果进行整合

优秀的学术期刊编辑具有学术号召力与凝聚力，拥有较多学缘关系优势，因此可以利用各方资源对学术成果进行整合，进而发挥学术期刊的引领与导向作用。优质期刊需要优质资源的支持，作者就是编辑的核心资源[1]。学术期刊的编辑要有甘于寂寞、埋头苦干的精神，发挥工匠精神，打造精品；也要积极参与社会活动、进行社会调查。这样才能拥有稳定、高水平的作者队伍与专家顾问团队，保证稿件渠道稳定的同时，使这些资源能够以点代面，对学者所在院系甚至学校和科研院所产生影响，对作者队伍和专家团队产生黏性，最终形成以编辑为中心、以期刊为载体的凝聚力并产生品牌效应。

（三）在当前评刊价体系下寻求平衡点

"好刊"以高质量打响品牌，衡量标准离不开影响因子、总被引频次

---

① 王运平.论学术期刊编辑自我成长三大功力 [J]. 中国出版，2019（9）：36–38.

等硬性数据。"好刊"这个平台将吸引更多稿源与读者、作者群体，最终实现良性循环，愈好而愈好。优秀的学术期刊要充分发挥知识传播与导向作用，办"好刊"。在现行学术期刊评价体系"指挥棒"的指引下，办刊人要明确学术论文质量、期刊质量与期刊影响力三者间的关系并寻求平衡点。期刊评价机构推行的现有期刊评价体系，以及高校和科研单位"以刊评文"的做法，既有合理性，又有不合理性。三者呈正相关，又具有片面性[①]。因此，学术期刊要兼顾指标与社会效益，在顺应当前各类评刊制度的同时，也要面向国内学科发展现状与肩负历史使命的需求。

以教育类学术期刊为例，应一手推动教育理论成果走出象牙塔指导一线教师的教学实践，一手兼顾数据。一线中小学教师往往手握一手资料，具有前沿性和及时性，但由于理论积淀不够，缺乏学术理论支撑，若想结合最新的实践结果发文还是颇有难度。学术期刊可以利用自身的专家资源优势，推进以理论研究为主的专家与一线教师的教学合作，使专家明确实践中亟须解决的关键问题，教师们获得专业指导与前沿学术信息，期刊推动二者合作并将成果整理成论文发表见刊。

（四）对学科发展具有预见性与前瞻性

学术期刊编辑要"动""静"结合，既要坐得住冷板凳，也要走出去了解行业发展现状，不断提升自身素质的同时，与编委、读者及各方面专家沟通、交流。通过期刊编辑在学术交流中发挥能动作用，进而对学科发展间接展示出预见性和前瞻性。在"互联网+"时代，期刊可以采取多种形式——正式和非正式，与作者、读者沟通。正式交流渠道包括同行专家评审的期刊论文、正规学术会议、学术专著、文章索引等；非正式交流渠道包括电话、短信、微信、研讨班、访问讲学、学术讲座、演讲等，不断扩大学科相关的信息来源渠道以推动学科的发展。

学术期刊应该激励学术理想，反映学术热度，发现新的学术亮点，刊载具有学科发展前瞻性的文章。编辑应成为期刊发文研究领域的专家，准

---

① 程郁缀，刘曙光.论文质量、期刊质量与期刊影响力[J].陕西师范大学学报（哲学社会科学版），2010，39（5）：64–69.

确把握专业的前沿动态,对学科发展具有预见性和前瞻性。通过以约稿代替自然来稿,刊发代表学术最前沿的文章,也可采用发表学术争鸣和笔谈文章的形式,关注领域内重大问题。一般学术期刊会采用推荐选题,或者组织领域内知名专家翻译国外前沿学术信息和论文成果的形式,体现学术期刊对学科发展的预见性与前瞻性。

第七章

编辑对高校学术期刊的作用

传统出版物中，学术期刊是唯一以记载、传播、交流、传承精深知识，提高人类认识世界和改造世界水平，促进经济增长和社会进步为核心宗旨的媒介。编辑是该媒介的重要把关者之一，作用于学术期刊出版发行整个流程中的各个环节。5G 与智媒体时代已到来，传播渠道的变化加快了学术期刊的传播速度，为编辑工作带来更多挑战的同时也赋予更多意义。本章对当前高校学术期刊编辑的工作内容、素质要求、自我发展的实现路径等方面进行阐述，也是对前几章编辑相关内容的更深入探讨。高校学术期刊编辑除具备编辑基本素质外，也要传承大学精神，保证办刊的政治方向，保证选文的科学性与创造性，并具备合作意识与社交能力、英语应用能力与信息能力，既为本校的教学和科研服务，又以传播文化知识和科学技术、弘扬民族先进科技成果、提高国际科技竞争力为己任。

第一节　学术期刊编辑的工作内容

高校学术期刊部门一般因属性被划为科研教辅机构，以期刊社、学报编辑部等组织形式存在。一般各个编辑部采取相对独立的运行方式，制订出版计划，统筹安排部门的约稿、组稿以及稿件审理、编辑、校对工作，依照不同栏目分配责任编辑，并对期刊的数字版上传、稿费与审稿费的发放、官网的运营与维护等工作进一步分工。高校学术期刊编辑岗位属专业技能性质，既有专职编辑，也有兼任的专业课教师；工作内容具有编辑行业的普遍共性，劳动贯穿于审稿流程在内的学术期刊出版的各个环节。

一、学术期刊编辑工作的专业性

学术期刊编辑的工作内容具有明显的专业性，有学者用王国维在《人间词话》中谈到的学者境界来诠释学术期刊编辑工作，二者具有共性："古今之成大事业、大学问者，必经过三种之境界。'昨夜西风凋碧树，独上高楼，望尽天涯路'。此第一境也。'衣带渐宽终不悔，为伊消得人憔悴'。此第二境也。'众里寻他千百度，蓦然回首，那人却在灯火阑珊处'。第三境也。"学术期刊的特点要求高校学术期刊编辑具有如下的素质。

（一）具有专业的底蕴，对稿件进行规范化操作

首先，要明确期刊的性质，是自然科学类学术期刊，还是人文社科类学术期刊；是纯理论期刊，还是理论与研究相结合的期刊。编辑对文章的学术水平有前瞻性的把握与认知，结合期刊的层次筛选，然后对稿件"粗加工"，即对应期刊的性质将来稿按照统一的框架格式编排。比如，对题目、摘要、关键词、作者信息、字号、字体等要素执行期刊的统一标准，不能擅自更改。参考文献也要参考国家最新颁布的行业执行标准，当前学术期刊是以《信息与文献　参考文献著录规则》（GB/T 7714—2015）为参照。

其次，要对文章重要信息进行仔细的校对，比如，图表的要素是否完整、期刊刊载图表的样式要求、基金项目信息是否完整、注释和参考文献是否可考及其准确性等。在文章的排版方面，有一些文章的改动是因为版面原因而做出的调整。比如，因为排版导致的文章转接问题，这就需要编辑结合文章的内容，根据论文表述的需要，通过删减、补白等方式对文章进行灵活的加工。学术论文若处理好，不仅保持了文章内容的完整性、严谨性和条理性，不留刻意加工过的痕迹，而且版面更为美观；若处理不好，则影响文章的表述，使版面拥挤、刻板、不够美观。高校学术期刊编辑要在实践的过程中，不断地摸索、领悟、总结，保持严谨、热情的工匠精神。

（二）注重文字处理工作的"信、达、雅"

清末新兴启蒙思想家、翻译家严复先生在《天演论》中的"译例言"讲道："译事三难：信、达、雅。求其信已大难矣，顾信矣不达，虽译犹不译也，则达尚焉。""信"指表述不悖原文，即是译文要准确，不偏离，不遗漏，也不要随意增减意思；"达"指不拘泥于原文形式，译文通顺明白；"雅"则指译文时选用的词语要得体，追求文章本身的简明优雅。学术期刊编辑工作同样要遵守这种原则。学术期刊的"信"指遵循原文表述，编辑在对于文章通读和理解的基础上，对文中表述不明和存疑的知识点与作者及时、全面地沟通、核实；学术期刊的"达"是指学术论文的用词要清晰、明确，结构要合理，逻辑关系要层次清楚，避免晦涩、拗口、难懂的语言表述，将论文意思清晰、明了地表达出来；学术期刊的"雅"是指学术论文虽然

不是典型的文学作品，以美感和情感效果取胜，但也要行文流畅，具有文采和可读性，注意句式和结构的表述。比如，学术论文的标题如何凸显文章的核心要义？文章的承转如何凸显逻辑性？句式的描述如何更清晰，使读者便于理解？

（三）在工作中发挥创新和导向作用

从本质上讲，期刊出版具有连续性，后一期是对前一期在内容、形式和风格上的承接、延续与创新。所谓"创新作用"，就是需要编辑们以发展的观点来衡量稿件，要有一双善于发现的眼睛，对于首创的观点、思想和研究思路要予以重点关注。在日常工作中，编辑要对所负责期刊、栏目等的专业方向具有足够的积淀，才能够客观地评价文章的创新价值，不能因为文章的观点与之前学术权威的有所不同，或与编辑的认知有所差异而对稿件的创新点进行否定。所谓"导向作用"，指编辑要进行选题策划、组稿、编辑加工等工作，注重挖掘、刊发有导向价值的学术论文，注重挖掘本领域前沿问题、热点问题和难点问题。"最高""最新""最前沿"的特点也体现了高校学术期刊的学术价值与社会价值。

二、学术期刊的审稿流程

由于学术期刊的质量，取决于其所发表论文的质量，因此编辑对论文质量的把控至关重要。每一名编辑都要准确把握期刊的发展定位和层次。一般学术期刊的层次越高，稿源就越为丰富。要在众多稿源中进行筛选，避免稿件出现参差不齐的现象，就需要编辑先行把关，也就是说完成内审环节。内审环节是学术期刊质量把控的首要环节，也是第一道防线。外审中，编辑要对学术论文进行进一步审读，据其研究领域进行细分，进而能够准确、快速地送审，选定合适的审稿人，这对把控学术期刊质量至关重要。复审一般属于期刊内部根据工作要求而制定的制度，即由期刊副主编、编辑部主任或是资深编辑对外审返回稿件进行第三次把关。下一步为稿件的终审，这是稿件取舍的决定性环节。在这些步骤进行的过程中，包含着多次编辑对稿件的编修与加工工作，可以说编辑的工作覆盖整个审稿流程。学术期刊的审稿流程，如图7-1所示。

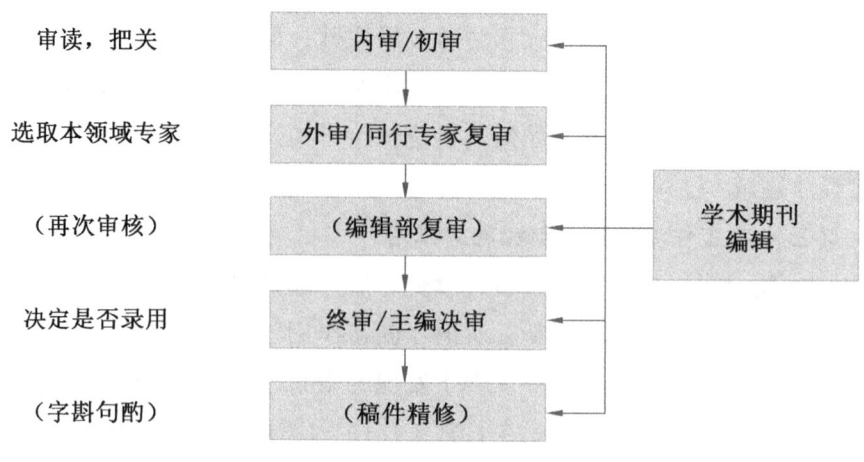

图 7-1　学术期刊的审稿流程

（一）内审 / 初审

1.定义

所谓"初审"，就是指学术期刊编辑，通过仔细审读作者所投稿件，确定思想性和政治性是否符合要求、是否有新意、是否符合办刊宗旨、逻辑关系是否清晰等。学术期刊编辑要紧紧把握期刊的发展方向和稿件的质量标准，就需要做大量细致的工作。既要了解自家期刊在业内的学术排名与层次，进行纵向比较；也要对同水平学术期刊的发稿质量、栏目设置等有所了解，做出横向比较。

以笔者所任职的教育类综合性学术期刊《教学研究》（由河北省教育厅主管，燕山大学主办）为例，经统计初审稿件淘汰率能达到80%，笔者负责的教学理论、学术争鸣、教学改革和创新方法四个栏目，初审稿件淘汰率能达到95%。当然，各个期刊由于具体情况不同，初审稿件淘汰率各不相同。但总体来说，由于优质期刊自然来稿量较大，而每期版面固定发表量有限，因此稿件淘汰率往往较高。

2.学术期刊编辑的关注点

做好学术期刊初审工作需要编辑处理好"专"与"博"的关系，不断提高审稿的能力与水平。在初审工作中，编辑第一步要浏览稿件以确定是否符合期刊报道方向；第二步要对文章的思想立场与思想态度进行审查；

第三步要对稿件严格把关以确定投稿文章的标题、摘要与参考文献是否规范，并利用知网学术不端检索系统等工具进行查重，判定是否存在抄袭或一稿多投情况，以将抄袭、剽窃他人的稿件从来稿中剔除；第四步，确定该文章是否符合收稿条件，进而明确稿件的科学性和创新点，准确判断作者的研究方法，文章结构是否完整，层次是否清晰，语言表达是否准确、严密，逻辑性是否严谨等。可以说，对于那些自然来稿非常多的学术期刊，初审工作的实质类似于大浪淘沙、沙里淘金，这一过程将剔除大部分稿件。对于一些版式、格式的问题，后期可以通过加工、修改等编修程序改动，所以在初审时并不是选用稿件需要考虑的重点。

在初审中，一些作者由于初次投稿或写作水平欠佳，导致整篇文章表述不够清晰，但是选题新颖、内容独特，具有较大的创新性与价值，这时就需要编辑对稿件的具体问题进行分析，与作者及时沟通，帮助作者提高文稿的写作质量。对于一些超出发刊范围的稿件，在征得作者同意后，可以为其推荐其他与稿件相适应的期刊，这样将有利于培养作者群，提高作者们投稿的积极性。对于一些"人情稿"，本着"举贤不避亲"的原则，既要把好稿件质量关，又要把好人情关。不同的"人情稿"需要被区别对待，编辑对于质量较高的稿件，本着对期刊认真负责的态度，向关系人说明退改的地方，并鼓励其继续推荐优秀作者的优质稿件；对于质量低下的稿件直接说明原因，并予以退稿处理。

创新点是审读的重点之一，但实验设计不合理、对照数据欠缺，统计方法使用不当，语言不通顺、表达不够清晰，逻辑性较差等也会造成稿件在初审流程中出现退稿、退改等情况。由于学术期刊的科学性，学术期刊编辑一定要注重审读稿件的内容是否符合客观实际，能否反映事物的本质和发展规律，即概念、定义、论点是否正确，论据是否充分，实验材料、数据和结果等是否可靠。无论学术期刊属于自然科学领域，还是社会科学领域，编辑都要对稿件从科学性的角度进行审读。

由此可见，初审是审稿流程的首要环节，需要编辑对整个期刊的稿件质量进行把关，影响着期刊的整体学术水平与层次，可以防止学术论文鱼目混珠、参差不齐。若初审环节做得不到位，将会增大审稿成本，加重审稿专家的负担，产生较大的负面影响，并最终影响终审稿件的质量，进而影响整个期刊的层次与水平。

（二）外审／同行专家复审

1.定义

审稿的第二个步骤为外审或同行专家复审，需准确地选定审稿人，及时、精确地送审，以保证学术期刊的发文水平。在复审工作中，编辑需要对复审专家进行遴选，这是保障学术期刊质量的必要条件，对期刊的发展至关重要。目前，国内外大多数学术期刊对于稿件质量的把关采取同行评议制度[1][2][3][4]。具体的复审形式可分为单盲评审、双盲评审、公开评审和发表后评审。其中，单盲评审和双盲评审为当前采用比较多的形式，公开评审和发表后评审尚处于理论研究阶段。由期刊的主编、编委或者编辑部编辑邀请一位或多位稿件相关领域的专家（即复审专家）对稿件进行评审，主编、编委或编辑综合复审专家的意见对稿件进行录用、拒绝或退改的处理。

2.学术期刊编辑的关注点

外审专家的选择要打破对年龄、职称、资历和学术地位等方面条条框框的限制，不拘一格，将学术造诣、科学精神和工作态度作为根本条件，尽量邀请近期在相关领域发表多篇文章的专家进行同行评议。当前新兴学科不断涌现，不同学科间交叉、渗透、融合性加强，使得学科体系更加庞杂。比如，动物学以研究对象划分，可分为无脊椎动物学、原生动物学、寄生虫学、软体动物学、昆虫学、甲壳动物学、鱼类学、鸟类学、哺乳动物学等；按研究重点和服务的范畴，又可划分为理论动物学、应用动物学、资源动物学、仿生学等；传统的主要分支为动物形态学、动物生理学、动物分类学、

① 徐志英.科学文章同行评议研究进展[J].中国科技期刊研究，2014，25（11）：1355-1359.

② 接雅俐，唐震，陈汐敏，等.科技期刊同行评议审稿流程改革与初步成效[J].中国科技期刊研究，2013，24（5）：988-990.

③ 张向谊.应引导审稿人进行有效的同行评议[J].编辑学报，2013，23（4）：597-600.

④ 巢乃鹏，胡菲.学术期刊的同行评议：基于审稿专家和作者的比较研究[J].中国科技期刊研究，2012，25（3）：274-276.

动物生态学、动物地理学、动物遗传学。分支学科的细化给稿件送审和专家审稿都带来了较大的难度。

3.复审专家的素质要求

复审专家遴选标准包括研究方向、学术地位、学术水平、工作态度等。

首先，复审专家的研究方向要与稿件的研究领域具有一致性。这就需要编辑部做大量细致的工作，通过各种途径遴选出能够给予本篇文章修改意见的学者。对于高校专业性学术期刊来说，涉及学科极细微的分支；对于高校综合性学报来说，复审专家的选取既要覆盖面广，又要具有专业性。

其次，期刊要对复审专家的学术地位与学术水平进行评估，以确定该专家能否胜任这项工作，是否具有公平、客观地评价同行学术成果，并给出中肯、详细意见的能力。在实际生活中，一个学者的性格、品行并不能完全与其科研成果挂钩。这就需要编辑在日常交往、沟通中进一步考察。

最后，编辑部要确定专家是否有担任复审的意愿与积极的工作态度，需要由思想作风正、业务水平高的专家参与到为期刊质量把关的工作中来。

4.影响复审专家审稿意愿的要素

长期以来，学术期刊在复审过程中都存在着审稿周期长[1]、审稿轻率[2]、评审意见参考价值不足[3]等问题，究其根源，主要是由于复审专家审稿意愿不足引起的。就此问题，一些期刊采取了催审[4]、增加审稿人[5]，甚至撤审[6][7]的方式，但更多期刊还是采取打感情牌的方式来应对。对于如何能激

① 杨侠，孙贺平，潘冰峰.缩短科技期刊论文发表周期的思考及实践——以《化学学报》为例[J].中国科技期刊研究，2015，26（7）：683-686.

② 谢群跃，舒干，吴智勇.试论科技期刊稿件的外审[J].江汉石油学院学报，1997，19（3）：134-136.

③ 方卿.中国学术期刊同行评审的实践与研究[J].图书情报知识，2007（6）：89-92.

④ 陈峰，李雪莲.提高学术期刊审稿速度的措施[M]//赵惠祥.学报编辑论丛.上海：上海交通大学出版社，2008.

⑤ 徐雨晴，苗秋菊.如何缩短科技期刊的论文发表周期——以《气候变化研究进展》为例[J].中国科技期刊研究，2010，21（5）：675-677.

⑥ 张琪，姜梅，王艳秀，等.缩短科技期刊论文发表周期的思考和探索——以《含能材料》为例[J].中国科技期刊研究，2014，25（12）：1473-1476.

⑦ 刘刚.科技期刊缩短论文发表周期的几点措施[J].黄冈师范学院学报，2011，31（3）：8-9.

励复审专家，提高其审稿意愿，提升专家与期刊双方的满意度，国内一些学者进行了研究。比如，刘宇认为可以通过定期在期刊上公布审稿专家名单、向复审专家发放聘书、定期向专家反馈意见、听取专家对期刊发展意见的方式[①]。陶范认为，激励专家的因素有学术荣誉、学习机会、奉献乐趣和复审费等，要保证审稿专家的独立评判稿件权利[②]。吴爱华认为，应强调对审稿专家的知识回报，应提高稿件知识含量、加强审稿的知识传递和拓展知识汇报[③]。钟琳、高超民就审稿专家以扎根理论（Grounded Theory）为基础，采取编码制分析构建了审稿意愿模型[④]。笔者对影响复审专家审稿意愿的要素进行分析，具体如表7-1所示。很多学术期刊建立并不断维护复审专家信息库，防止出现由于复审专家信息的缺失导致的稿件无法复审的情况，并对无效的复审专家及其信息定时清理。

表 7-1 影响复审专家审稿意愿的要素分析

序号	影响要素	具体情况分析
1	时间成本	（1）审稿需要花费较多时间，从收到稿件到对稿件提出详细的修改意见，再到最终给出结论，少则几十分钟，多则半天。一些稿件需要反复修改，并进行改后重审，耗时更长。 （2）专家，尤其是知名专家，本身业务繁忙。尤其在高校中，一些学者既要搞科研与教学，还有行政职务和社会兼职等，需占用时间。
2	精力成本	（1）一些文章语言表述不够清楚，逻辑关系混乱。 （2）需要通过自身专业知识的积累和学术研究的技术，搞清所审文章的科研价值和结构，是否符合发表要求。
3	期刊层次	（1）相对于普通期刊，担任高水平期刊的复审专家，更能体现自身学术地位、学术水平和同行认可度，易受到同行学者的尊重与认可。 （2）担任知名期刊的审稿人成为一些学者学术身份的标识之一。

① 刘宇 . 科技期刊稿件外审应注意的若干问题 [J]. 出版科学，2011，19（3）：30-33.

② 陶范 . 审稿专家的责任和权利 [J]. 编辑学报，2010，22（6）：475-477.

③ 吴爱华，王晴，杜冰，等 . 科技期刊应重视对审稿专家的知识回报 [J]. 编辑学报，2013，25（2）：164-166.

④ 钟琳，高超民 . 科技期刊外审专家激励措施扎根研究 [J]. 中国科技期刊研究，2016，3（27）：278-282.

续表

序号	影响要素	具体情况分析
4	学术收获	（1）审稿时，一些新想法、新思路和新的研究视角具有知识含量，能引发思考，启迪科研工作。 （2）能够了解其他学术团队科研的最新进展，有利于提升自身学术水平。
5	同行认可	学术期刊在学术界的地位，影响着复审专家对其的态度。能被期刊选取为复审专家在某一层面标志着其科研水平为同行所知晓并认可。
6	物质回报	包括审稿酬金、赠书等形式的物质回报。
7	后续价值	通过与学术期刊合作建立联系，为自身及学术团队日后学术文章的发表提供信息渠道。许多专家同时也兼具作者身份。
8	情感体验	（1）审阅稿件时，就稿件质量产生情感体验。比如，审阅创新点明确、逻辑关系严谨、语言通顺简洁的优质稿件时，产生酣畅淋漓的感觉；看见错误较多的文章时，情感体验较差。另外，在审阅改后重审文章时，就作者的修改态度和效果也会产生不同的情感体验。 （2）编辑部在沟通的过程中，会与复审专家产生情感联系。编辑部的工作态度与方法会给专家带来不同的情感体验。一些编辑通过"打感情牌"，与复审专家建立融洽良好的合作关系。

5.复审专家库的创建与维护

在高校学术期刊的出版工作中，编辑会遇到因为审稿人选取问题而造成的稿件处理拖期现象。审稿人的研究方向、知识结构、思维方式、审稿意愿等都会影响审稿的进度，这就需要编辑在期刊发展过程中，注意对复审专家库的建立与维护。期刊编辑在建立复审专家库后，要注重相关信息的更新，对专家信息进行整理、分类，就其研究方向、专业特长、所属单位、职称、相关研究成果、学术造诣等进行准确统计，具体包含以下几个方面。

第一，审稿人学术水平的动态跟踪管理，包括审稿周期和严谨程度等。

第二，审稿人的鉴稿能力，能否科学、公正地对稿件质量进行点评。

第三，审稿人的学术品格与学界口碑。所谓大学学术，即发现的学术、综合的学术、应用的学术和教育的学术，一定要具有客观性和真实性。

第四，审稿人的审稿积极性，这点至关重要。绝大部分学术期刊以审稿费的形式给予专家物质报酬，但是一些审稿人由于精力有限、事务繁忙等原因，存在审稿积极性不高和审稿结论反馈速度慢等方面的问题。

6.根据复审意见修改

"外审/同行专家复审"步骤完成后，专家若提出修改意见将出现以下三种情况。

其一，所提意见非常简单，认为稿件质量很好，并未明确指出需要修改的内容，则直接可以指派主编或副主编等进行终审。

其二，提出明确意见，指出应该修改的方面。论文若存在较多问题，将需要改后重审或复审；问题很少，只存在文章表述、结构层次方面相对简单的问题，可以不再重审或者复审，由文章对应的编辑进行处理；

其三，就文章观点、逻辑关系等提出较多意见，认为文章存在较大问题，没有发表价值和创新性，或就其学术性提出质疑，并在审核后被判定为"不宜发表"类论文，编辑将对文章予以退稿处理。

一般稿件在外审结束后，出现如上文中的第二类"提出明确意见"时，论文存在一定问题，若仍有发表价值将会进行重审或复审。一些学术期刊认为"重审"即"复审"，编辑根据外审情况转给作者修改意见，作者修改后再发给原外审专家评议，由专家确定是否符合发表要求以便进行进一步处理；也有一些期刊，将这一步骤叫作"重审"或者"改后重审"，而将"外审或同行专家复审"这一步骤结束后，期刊（编辑部主任或资深编辑等）根据评审意见和作者改后的情况，结合期刊的学术层次和栏目要求，对稿件的学术价值和能否见刊，予以再次评定，这一过程叫作"复审"。

（三）终审/主编决审

1.定义

在终审工作中，主编、执行副主编或常务副主编将把最后一关。终审为审稿的最后一个环节，也是稿件取舍的决定性环节，对期刊的出版质量及学术水平起决定性的作用，需要根据对期刊的整体布局与构思来选稿件。终审专家要对稿件进行全面衡量，包括论文的政治方向、学术水平、学术价值、期刊自身定位和编辑出版质量，因此需对稿件严格审查。审查内容还包括是否符合政策法律法规，格式、字句结构、英文部分等是否规范。在初审和同行专家评议的基础上，终审专家要补充之前专家提出意见之外的作者在学术上、表达上的疏漏甚至错误的方面；综合给出审查意见后，明确地给出最终对稿件处理的结论和意见：能否发表、以什么形式发表、怎样发表等，能够独具慧眼、进行决断、合理取舍，这需要终审专家具有广博的知识涉猎。可见，稿件的终审专家承担的工作量、责任和压力都是相当大的。在稿件处理工作中，终审工作稍有不慎，将对期刊的发展产生难以弥补的损失。就目前的成果来看，专家对稿件的初审和复审研究相对较多，关于终审的文章并不多见。

2. 学术期刊编辑的关注点

首先，当两位复审专家意见相左时，终审需要深入研究两位评审专家的学科背景和对稿件把握的尺度情况，仔细研读每一位专家的意见。若一位专家虽然提出"退稿"或"改投"的意见，但又同时提出存在的具体问题和修改建议，终审可根据具体情况看其是否"有发表潜力"而对稿件进行"退改后重审"或"编委复审"的做法。终审就两位专家的意见综合考量后，将修改意见返回给作者。

其次，当一位评审专家持否定意见，而另一位评审专家持肯定意见时，终审专家不能因此对稿件进行退稿处理，而是应该在研读原稿件的基础上，分析二者的意见。对稿件的质量进行全面的考量，进而决定是退稿还是改后重审等；当仍有明确创新点时，文章具有发表的意义。

再次，当两位评审专家都持否定意见时，稿件被"退稿"或"建议改投"的概率很大，但并不意味着没有发表的可能。这时也需要终审专家对稿件的评价进行综合分析。若专家提出的意见为学术水平低、创新度低、无发表价值等，那么对这篇文章应予以退稿处理；若专家提出的意见为语言、结构、论述、逻辑性等问题，并给出了具体问题及修改意见，则可根据情况予以"退改后重审"或"编委复审"。

最后，若专家未给出明确的评审意见，审稿结论模棱两可时，如"该文章学术水平一般，请编辑部酌情处理"等，这就需要终审专家根据期刊的版面安排、稿件要求和稿源情况等从宏观角度考虑，对稿件进行"录用""退改后重审""编委复审""退稿"处理。

3.终审专家的素质要求

在终审环节中，无论是高校学术期刊主编、副主编还是重要专家，都要具备以下四个能力。

1）具有战略思想，明确期刊发展方向

终审专家需要对期刊的总体发展方向有明确的战略规划和目标，对科学技术发展趋势有准确的把握，对科技发展制高点和未来科技起始点要有深层次认识，使处于科学前沿的文章内容新颖独特、刻意深邃[1]；通过学术期刊，向本领域的研究人员展示最近的研究成果——方向、内容、进展等，便于其明确研究方向。终审与初审编辑一样，要对期刊所在层次、作者水平和栏目设置深入了解，进而从期刊的稿件质量入手把好最后一关[2]。

2）思路开阔，拓展研究人员视野

对高校学术期刊来说，无论是相对综合性的学报，还是专业性学术期刊，拥有丰富的稿源和作者群至关重要。工作中，自然来稿的作者层次往往差别较大，稿件质量也是千差万别。终审在决定用稿时要开阔思路，尤其对于一些边缘学科或交叉学科、甚至介于"社会科学"和"自然科学"之间没人研究的处女地，即使"开垦"也很难引起专家们的重视，如何甄别这类稿件需要终审专家具有多学科、多专业的知识积淀。

3）具有较强的洞察力，保证期刊推陈出新

终审专家要明确学术期刊的使命，保证所刊论文的创新性，对于一些辞藻过于华丽、创新度一般，题目新颖、内容空洞或没有足够实验数据支

---

① 刘光元，许雪梅.超前思维的基本特征及对主编思维超前性的评价[J].编辑学报，2002，14（5）：315-317.

② 韩萍，张瑛，朱玉芹，等.科技期刊主编择稿与终审的知识构成[J].编辑学报，2006，18（2）：153-154.

撑的文章，要能够发现其核心和本质问题，明确作者问题所在；对于之前同行评议的观点，要仔细分析并进行对照，既考虑专家的观点意见是否全面、科学，也要比照作者改后稿件的状态，即使由责编核对过，也要再次仔细对照，进而检查是否存在修改不全、专家有审核遗漏之处等。所以，终审专家在终审稿件时，应具备较强的学术洞察力，不仅能对稿件的质量及其发表价值做出恰当的评判，而且能够提出具有指导性、创见性和建设性的意见并为作者所采纳，进而使论文质量和水平有实质性的提高。

4）精益求精，具有"工匠精神"

"工匠精神"体现了兢兢业业、一丝不苟的工作态度，也体现了一种"没有最好，只有更好"的极致追求。从本质上讲，"工匠精神"是一种职业精神，它是职业道德、职业能力、职业品质的体现；也是从业者职业价值取向和行为的表现，体现出了敬业、精益、专注和创新的精神。所谓"敬业"，是指工作人员对工作兢兢业业、恪尽职守的工作状态；所谓"精益"，是指精益求精，工作人员对已经做得很好的工作提出更高的要求，不断追求极致；所谓"专注"，是指工匠要内心笃定，精于细节，具有耐心，坚持不懈；所谓"创新"，是指要执着、坚持、专注，要具有不因循守旧、不拘一格的"匠气"，不断追求革新与突破[①]。终审专家也应具备追求工作极致的"工匠精神"。高校学术期刊要既具有学术性和内向性，也具有产品的属性，这就需要主编将每篇文章作为期刊的产品，秉承严谨把关、精雕细琢、精益求精的工作态度和职业精神。

（四）稿件精修

书籍的编辑活动是最早出现的编辑活动。编辑是指以生产出版物的精神文化内容为目的，策划、组织、审读、选择和加工作品的一种专业性精神生产活动，是出版物复制、发行的前提。编辑的劳动贯穿于整个学术期刊论文的刊发环节——从接收稿件开始，经过多次审查，由专家把关，到最终学术论文见刊，编辑要对各个环节按照规范操作，付出体力与脑力劳动。

---

① 徐耀强. 论"工匠精神"[EB/OL]. （2018-06-26）[2020-04-20].http：//theory.people.com.cn/n1/2017/0525/c143843-29299459.html.

学术期刊编辑要与作者、专家进行多次沟通，在审读加工过程中字斟句酌、一丝不苟、认真负责，以保证出版物的表现形式达到科学的标准。

1.具有关键性作用

编辑工作是出版工作的中心环节，虽然学术论文的内容需要由论文的作者撰写，但是要通过编辑的设计、组织、审读、选择和加工等才能得到进一步完善与提高。出版工作对社会发展的能动作用主要是通过编辑工作来实现的[①]。

2.得以发行的前提

出版物的编辑、复制和发行主要由编辑来完成。编辑工作在出版过程的矛盾运动中处于制约整个出版工作发展的"闸口""关隘"，编辑工作的质量和水平影响与制约着学术期刊的出版。

第二节 高校学术期刊编辑的自我发展

编辑工作既具有文化工作的政治性、思想性、科学性和创造性，也具有专业特点的选择性、加工性、中介性等。高校学术期刊编辑岗位具有高校教辅人员和出版行业从业者的双重属性。作为高校工作人员，受到大学精神等学校因素的影响；作为编辑，受到从业期刊学科发展整体情况和本学校学科发展状况的影响。外在客观因素，一时无法迅速改变，编辑自身就要内外兼修，不断苦练内功，提高自身从业素质，关注学科前沿动态与成果，树立正确的"三观"，坚守学术理想，借助学术期刊平台的公共属性，传播优秀科学研究成果，协助高校完成人才培养、科学研究、社会服务与文化传承的职能。高校学术期刊编辑，因其工作特点，应具备以下素质以实现自身价值与自我发展。

一、具备政治理念，牢牢把握社会主义办刊方向

编辑要以马列主义、毛泽东思想为指导，坚持四项基本原则，在政治上与党中央保持一致。把握为人民服务、为社会主义服务的方向，坚持中

---

① 国家新闻出版广电总局专业资格考试办公室.出版专业基础[M].北京：商务印书馆，2015：77.

国共产党的基本路线，遵守国家的法律、法规，把好稿件处理的政治关。就思想性而言，高校学术期刊，尤其是社会科学类期刊，要保证对读者、社会产生积极的思想、文化影响，避免落后、腐朽的影响，坚持社会主义先进文化的前进方向，积极践行社会主义核心价值观。

二、保证刊文的科学性与创造性

高校学术期刊编辑要具备期刊出版专业知识、发文方向学科知识与高校办刊背景知识三方面的职业素养，从策划、选题，到组织稿件、审读加工，都要在正确的方针和政策指导下，充分运用专业知识，保证期刊的科学性与创造性并提高鉴审能力。一些学者就学术期刊编辑的知识结构提出了不同的看法，比如 T 形、π 形、X 形，以及"杂家说""学者说"，等等。稿件离不开作者群，否则无异于"纸上谈兵"；期刊离不开读者，离开读者群属于"无的放矢"。就稿件创造力而言，学术期刊编辑的工作既有原创成分，也有再创成分。

三、较高的选稿、组稿、组审能力以及编校能力

（一）选稿能力

编辑活动离不开对作品的选择。学术期刊编辑活动不同于著作活动，而要将严谨的学术精神贯穿到整个学术期刊工作的始终，尤其是高校学术期刊——综合性学报和专业性学术期刊编辑身在高校象牙塔中，更应该严格要求自己，通过团队合作的形式一道为期刊把关，坚决抵制学术越轨行为；要善于发现稿件的学术价值，无论是理论性稿件还是实务性稿件；要关注学科前沿动态，进而发现文章的学术创新点。就理论性稿件和实务性稿件来说，前者是知识层次的指导，后者是实际操作层次的指导；前者为后者的理论基础，后者是前者的实践证明。就理论性论文与综述论文来说，二者在结构上类似，但前者只引用那些对其理论建构有作用的实验资料。作者追溯理论发展过程是为了提炼其理论框架，通常会对已有理论进行分析，指出不足之处，比较说明理论之间的优劣并提出新的理论，考查理论内部和外部的一致性，理论本身是否自相矛盾以及理论与实验观察结果之间是

否矛盾。与后者相似，前者的各部分也是按内在逻辑关系，而不是根据研究进程来编排的。

（二）组稿与组审能力

除选稿外，学术期刊编辑还要具备组稿与组审能力。其中，策划能力最为关键，即在学科领域内策划选题，把每一位作者的智慧、才能汇聚到一处，求新又求精；对同一类稿件要能够进行组审，团结起来一支人数众多、联系密切的评审队伍。如果说组稿工作属于高层次的编辑工作，那么组审工作的层级就更为高级。编辑在组稿工作中起到开掘稿源和初期把关的作用，而稿件是否能够被最终刊用，需要视组审专家的评审结果而定。

（三）编校能力

编辑自身要有过硬的文字处理能力，虽然不能越俎代庖，但是写作能力的强弱往往决定着在作者面前发言权的大小；需要有不甘寂寞、埋首案头的精神，能够独具慧眼、妙笔生花。编辑的编校能力，包括规范能力、加工能力、写作能力等。

1. 规范能力

所谓规范能力，指编辑工作一定要遵守国家的相关规定、规范，依规工作。编辑在校对稿件时，需要仔细推敲，稍不留神容易百密一疏，因此一定要仔细学习用字、用词、造句、标点、修辞等规范，仔细学习相关国家标准，比如《中华人民共和国通用语言文字法》《标点符号用法》《信息与文献 参考文献著录规则》等，增强敏锐识别语言文字应用中差错的能力。

2. 加工能力

所谓加工能力，指编辑对工作对象——学术论文，要有字斟句酌、布局谋篇的能力，比如删去可有可无的字句，提高语句的表达能力，注意语序、节奏、表达等，保持语言风格的统一，尤其要避免语病与标点的错误。

3. 写作能力

所谓写作能力，指学术期刊编辑要具备书面语言表达能力，包括写作思维、观察分析、选词选句、布局谋篇、模仿范文等能力，也包含审题、立意、搜集材料、选材和组材、语言表达和修改作文等能力。比如，编辑自身要具有立意能力，能通过对客观事物观察、分析和归纳，对其中包含的意思加以提炼，确定所要表达的中心思想；布局谋篇的能力，根据表达中心思想的要求组织材料，能够自由运用各种表达方式；书写能力，指书写成文、顺畅地表达思想的能力。只有自身具备了写作能力，才能辨析论文的优劣并为作者的文章提供修改建议。

四、强烈的合作意识与良好的社交能力

编辑工作分工明确却又需要多方配合。编辑工作的完成需要本部门人员的分工合作；选题、约稿、组稿、编稿工作需要专家、学者对编辑工作的大力配合；学术期刊的出版与发行，需要编辑与相关主管部门以及印刷厂等不断沟通。这就需要编辑不仅要能埋头苦干，字斟句酌地核对与修改每一篇文章，还需要积极靠近学术团体，联系知名学者，参加各种学术会议。与稿件打交道，与编委、专家、学者们打交道，与作者打交道，与相关主管部门打交道。比如，高校学术期刊的主管单位一般为高校对应的政府主管部门，《教师教育研究》的主管单位是中华人民共和国教育部；笔者工作的《教学研究》的主管单位是河北省教育厅。高校学术期刊作为展示高校学术成果的重要窗口，编辑人员在办刊过程中，也需要同本校教师、学者进行沟通。

五、英语应用能力与信息处理能力

英语已经成为国际学术交流与出版的主要用语，当前国内高校学术期刊的国际化步伐加快，越来越多的期刊增加了英文相应部分的内容，比如英文标题、英文作者、英文作者单位、英文关键词、英文摘要，一些高校还主办了英文学术期刊并被 SCI 收录。这就要求编辑具有较高的英文水平，能够对所负责栏目稿件的英文翻译部分或者英文论文的质量把关，及时地发现错误、纠正错误；若主办英文学术期刊，编辑则需具备和国外作者顺利沟通、交流的能力，不但要具备公共英语的相关基础，还要具备专业英语的应用能力，掌握英语的一般表达方式，使所编辑文章尽量符合国际业界的表达习惯。

就信息处理能力而言，学术期刊编辑要能够及时把握信息，并对信息

资源进行精细的分析与利用,感知并追踪到当前的学术热点,把握期刊需求的变化,对学术动态、学者动态、重要会议做到心中有数,只有这样才能把握学术期刊的发展方向,做到游刃有余,传播最新、最前沿的学术成果。

六、创新与继续教育能力

创新可分为初级创新和次级创新,或称为原始性创新与跟踪性创新(表7-2)。鉴于学术研究与学术期刊的特殊性,学术期刊编辑需要具有较强的创新能力,既要自身具有创新能力,也要有初步辨别作者科研创新性与学术价值的能力。就编辑自身方面,要想快速提升办刊水平,稿源就不仅要有自然来稿,还需要有大量高水平、高职称专家的约稿[①],这就需要对专家的学术创新性及相关成果持续关注、跟踪。就期刊作者而言,优秀的学术论文往往是研究者长时间甚至多年研究的成果,是智慧与心血的结晶,体现了学术创新性,这就需要编辑一定要提高自己的创新能力,打破封闭的工作状态,放眼国内甚至国外的学术圈,并借鉴国外先进的期刊管理经验、办刊模式与销售策略。

表7-2 创新的类别及具体划分

创新的类别	含义	具体划分		备注
初级创新 / 原始性创新	研究领域中基本概念的建立或突破,新方法的建立或在新的领域内拓展	科学革命		科学产生质变,用新方法解决新问题
		开辟性成果	新领域、新方向、新学科	
次级创新 / 跟踪性创新 / 改良性创新	运用已有的理论、方法解决从未有人研究过的新问题,或者在前人或自己工作的基础上有所发现与创新	新理论	研究内容的创新	就自身的新变化,新方法解决老问题,或老办法解决新问题
		新技术	研究方法的创新	

---

① 邢森. 现代学术期刊编辑应具备的素质 [J]. 中国工商管理研究,2005(5):74-76.

随着社会进入信息化时代，知识更新换代的速度越来越快，新兴学科、交叉学科、新概念、新理念不断涌现，学术期刊编辑要站在学科前沿，紧跟科技变化的趋势，具备如下技能：（1）计算机方面：熟练掌握各种计算机软件、系统操作技能。（2）外语方面：不断提高英语写作水平与应用能力，增加相关英语专业词汇知识的储备。（3）专业知识方面：不断学习、关注、了解学科前沿知识，同时具备扎实的专业及相关专业知识。这就要求学术期刊编辑要不断地参加编辑业务培训，提升业务水平与能力。学术期刊编辑岗位不同于普通的行政岗位，编辑要不断地学习、进修、培训，"活到老、学到老"，完善、更新知识结构，不断接受继续教育。

第八章

学术期刊的数字化出版

进入 21 世纪以来，网络与数字化技术的快速发展使出版方式发生了变化，学术期刊的生存与传播面临着新的机遇与挑战。高校学术期刊要突破瓶颈，实现快速发展，加快国际化步伐，亟须在大学精神的指引下向信息化、国际化、网络化纵深推进，在保护科研成果版权的前提下进行数字化建设，以纸媒为基线采用"两微一端"融合媒体的方式顺应时代潮流而行。同时，编辑队伍也要进一步认清形势，解放思想，恪守职业道德，全面提升自身素养。

第一节 我国学术期刊数字化出版的现状

学术期刊是学术交流与知识传播的重要载体，在科技进步与社会发展中意义重大。学术期刊的发展水平是衡量国家科技实力与文化水平的重要标志，在知识创新中起着导向作用。西方发达国家从 20 世纪 80 年代起，便投入大量资金进行学术期刊的数字化建设。90 年代中期，四大国际科学出版集团（Elsevier、Springer、Wiley-Blackwell、Taylor & Francis）、著名科技社团的出版社——美国电气电子工程师联合会（IEEE）出版社、美国物理联合会（AIP）出版社、英国物理学会（IOP）、美国化学会（ACS）等，也陆续创建了集成各类资源，如期刊稿件采编、文章在线发布（大部分为现刊和在线预出版）、全文数据库、引文链接等一站式网络出版平台[①]。

一、学术期刊数字化出版的形式

当前，我国学术期刊的数字化出版主要有以下三种形式。

（一）学术期刊全文检索信息数据库

与全文检索信息数据库的合作是当前学术期刊实现数字化出版的首选路径。我国学术期刊主要通过较大规模的"万方数据知识服务平台""CNKI 中国学术期刊网络出版总库""维普中文科技期刊全文数据库"与"超星移动图书馆"等信息服务商实现数字化出版。各学术期刊可自愿加入数据库以推进我国学术期刊的数字化进程，进一步扩大刊文影响力，加快科研成果的传播速度。期刊若没有自建网站，可采取直接和数据库合作的形式。

---

① 王华菊，金丹，陈竹.科技期刊的数字化出版现状及问题探讨 [J].编辑学报，2011（S1）：9-11.

（二）学术期刊自主版权网站

当前，我国学术期刊的办刊主体主要为高等学校、科研院所和各类学会，以公益为主，在资金和人员上相对匮乏，导致网站内容简单，更新速度慢。网站内容仅为一些固定的基本信息，如期刊介绍、投稿须知、作者园地、文章展示等，对网站的维护相对较少，与作者的沟通互动也较少。自主版权网站为期刊提供了官方展示平台，一般会与在线采编系统合为一体，使读者既能了解到期刊的办刊背景、发文水平、学术层次，也能通过在线投稿系统随时查阅稿件的处理情况。除此之外，期刊自主版权网站也有助于读者避开网络上的投稿干扰信息，防止被违背学术道德、违规，甚至违法的机构欺骗。

（三）学术期刊的"两微一端"

所谓"两微一端"，指微信、微博与客户端三者相结合构成一个全方位的快速宣传阅读平台，为提高学术期刊的出版与传播速度提供了条件。随着新媒体时代的到来和数字化阅读在世界范围内的普及，我国越来越多的学术期刊不仅仅满足于运用数据库与运营官网，而是深挖"互联网+"的基因，通过创建官方微博与微信公众平台等推送最新的出版信息，便于读者的碎片化阅读，节省了出版时间，这部分也是当前学术期刊改革的创新点与突破点。

二、学术期刊数字化出版的特点

（一）缩短出版周期，加快传播速度

学术研究是一项非常严肃且需长期持续坚持的活动，一份稿件从准备、撰写、投稿、录用到最后发表需要较长的时间。首先，从事基础研究与应用研究的研究者都要遵循严格的方法与程序，前期经过大学科学研究的相关训练；其次，每篇学术论文的撰写都需要耗费作者大量心血；最后，编辑对来稿执行"三审三校"制度，且需要依据栏目需求为稿件安排发表时间，导致出版周期较长——有半月刊、月刊、双月刊、旬刊等多种出版周期。在这种情况下，实现数字化出版可省去纸质期刊印刷、邮发等出版环节消耗的时间，使学术成果更快地展示于众，提高了出版效率，便于互动、获取与存储，覆盖面更广，并能满足人们在阅读上的个性化需求。

（二）对文献进行自动化检索

对学术期刊进行自动化检索后，互联网上可迅速获取到所需的相关资源，尤其是学术资源数据库使信息的获取更加高效便捷。检索系统不仅能从大量文献中快速找到文献作者和内容等，也能实现文字的数字化存储，将传统的纸质化内容转换为电子形式，实现图形和文字的数字化转换。就当前学术期刊"两微一端"的新传播路径而言，输入关键词即可迅速获取相关学术成果与信息，这使信息的传播更为便捷。

三、沟通便捷，成果展示直观性强

网络化是学术期刊出版工作的高级形式，也成为其当前传播的主要方式之一。学术期刊一般有自己的网络投稿系统，可通过邮件等功能与作者、专家进行交流。一方面，实现了稿件处理的网络化，提升了编辑与作者间沟通的效率，增加了期刊对读者和作者的黏性；另一方面，也便于规范学术期刊的稿件选用流程，更好地规避人情稿，使投稿、用稿程序更为透明化与公正化，保证了学术期刊的稿件质量。

数字出版的另一个优势为直观性强，将文字、图像及声音整合为一体便于阅读，使读者有更良好的甚至全方位的阅读体验。以笔者所在的《教学研究》为例，期刊采用了线上投稿系统。该系统可实现编辑注册账号与作者注册账号间的互动，同时期刊开通了"教学研究杂志"官方微信公众号，对刊文实现提前出版，以2020年第一期"学习科学与未来教育"专家笔谈为例，编辑部邀请到播音员进行同步录音，受到专家与读者群体的好评，多样化的展示方式增加了学术成果展示的直观性。

第二节　学术期刊数字化出版的问题及对策

一、存在的问题

（一）从业人员数字化观念薄弱，缺乏相关知识

电脑、打印机和扫描仪等电子设备在编辑部的应用大大提高了出版效

率，实现了编排手段的现代化。但是，许多编辑部受到发展思路和经营模式的限制，对数字化出版的认识仅存在于论文的浏览、邮件收发阶段，在编校过程中无法摆脱对纸质稿件的依赖；相对于引领学科前沿的发展方向，更倾向于在办公室修改稿件，缺乏对新媒体下学术期刊传播新路径的探索。数字时代学术期刊的出版、传输和流通方式与传统模式都有很大不同，编辑部需要储备掌握新技术的编辑人才与管理人才，对编辑进行数字化出版业务培训。编辑也要提高自身认识，主动去学习、掌握计算机网络相关知识，学会新媒体如微信公众平台的运营方式。

（二）数字化出版经费不足

学术期刊要实现数字化出版就需要大量资金的投入，从人员构成与引进上，到所有编辑的数字化培训；从网上投稿系统平台的购入、运行，到后期平台的运行维护；从官网与新媒体"两微一端"的设计与运行，到后期的维护、内容的持续更新、人员配置等。而我国学术期刊出版的现实情况是市场化程度低，产品结构同质化严重，责、权、利不明确，缺乏网络营销；大多数期刊发行量很小，售价偏低，几乎无利润可言，基本上都是靠主办单位拨款维持日常运营[①]。相对于国外学术期刊网上销售、版面费相对较高、受理广告业务，充分实现市场化运营，国内大部分学术期刊还无法做到网上的订阅、发行，广告收入寥寥无几。

人手不足问题的关键解决措施在于人员的扩充和设备的投入，这些也都需要资金的支持。就一些高校学术期刊而言，人员短缺的问题更为严重。相对于企业化运营的出版社、出版集团等主体主办或出版的学术期刊，高校由于人员编制有限、招聘灵活性差、新员工入职需要层层申请与审批，导致有限的几名编辑负责期刊出版中的所有环节——正常的运营出版、学术共同体资源的维护、约稿组稿、学界热点的追踪、网站与新媒体的维护等。在人员配置难以很快到位的情况下，加大资金投入购置设备和采取新技术手段，也可以提高编辑的工作效率。

---

① 王高翔，李江涛，孙陆青，等.国际出版公司数字化策略及对我国科技期刊的启示 [J].编辑学报，2009，21（2）：14–16.

二、对策与建议

（一）明确定位

学术期刊的定位包括目标定位与读者定位。随着手机、电脑、平板电脑等阅读方式的兴起，以往以纸媒为主的阅读习惯逐渐被取代。首先，官网已取代纸媒中的印刷封面，成为当前学术期刊传播的门面。网络出版加快了学术期刊的国际化步伐，消除了纸质媒介传播带来的局限性，弥补了国界和地理位置带来的隔阂，世界各地的读者都可以通过浏览官网来了解期刊。因此，学术期刊的官网要充分体现定位，读者群是谁？发文方向是什么？哪些是重点栏目？以往发文质量如何？作者层次如何？这就要求网站的导航功能要有明确的指向性，最终目的是要便于读者阅读，找到自己关心的内容，了解学术期刊的风格，增强对读者、作者群体的黏性。

以《A Cancer Journal for Clinicians》（以下简称为 CA）为例，该期刊为 Wiley 集团旗下由美国癌症学会主办的学术期刊，被业内誉为"神刊"，具有全医学类期刊乃至所有期刊中最高的影响因子（Impact Factor）：2020 年 3 月 21 日官网显示影响因子为 223.679[①]。CA 网站体现了简约的阅读风格，在页面右侧简明地列有投稿方式、期刊 App、期刊 Twitter 和过刊浏览等链接。为了迎合阅读者的习惯，官网还设置了不同格式的 App 以供下载，如图 8-1 所示。每条链接可以使阅读人群快速地点击进入相应部分内容。

（a）投稿设置　　　　（b）过刊资源设置

图 8-1　《A Cancer Journal for Clinicians》官网主页

---

① Wiley. A Cancer Journal for Clinicians[EB/OL].（2020-03-22）.https：//acsjournals. onlinelibrary.wiley.com/toc/15424863/2020/70/1.

（二）树立服务理念

期刊业是一门服务产业，而学术期刊属于知识服务产业，读者群为知识相关领域的作者与读者。相对影响力越高的学术期刊，服务对象学术水平越高。学术期刊需要针对不同的服务对象调整服务方式。

1.官网

官网的导航功能设计要充分考虑读者构成，便于读者快速地找到所需资源，同时兼顾界面的美观性；便于读者投稿并实时了解稿件处理的进度，发布最新的行业研究资讯，推介多种阅读方式，展示已发文章的层次水平、编委会人员的构成，等等。

2."两微一端"

在"两微一端"的建设工作上，学术期刊要顺应数字化时代新技术应用的潮流与市场，积极使用微博和微信公众平台的留言与互动功能，以进一步拉近审稿人、作者、读者与编辑间的距离，加大期刊的黏性。比如，学术期刊开通官方微博，使用微信和 QQ 号的群组功能；定期推送论文刊载信息以及发刊领域的学术动态，使更多专家与读者了解期刊；为作者间搭建沟通平台，提供相关服务以满足不同需求；解答投稿前咨询与投稿后的稿件处理等问题，也可发布期刊的征稿、组稿与用稿信息等。一些投稿系统设有给编辑写信功能甚至在线沟通功能，对该功能的有效使用有利于为专家与作者提供个性化服务，进一步提升沟通效率。

（三）以内容为王，打造品牌

新闻出版总署副署长李东东在出席第二届亚太数字期刊大会时指出：数字化条件下，学术期刊的内容生产和传播机制虽然发生了变化，但内容作为期刊核心价值的地位没有变。读者最关注的是内容，而技术手段等都是居后的。期刊所处的发展阶段与在相关学科的地位，与稿件质量、数量、引用频次以及影响因子，二者间相互作用、相互影响。服务理念与方式固然重要，但就学术期刊的特殊性而言，所刊载的内容终将起到决定性作用。优质学术论文是办刊水平的决定性因素，也影响着读者群的数量、官网的点击量、公众平台推送的阅读数等。此外，参照国内外期刊同行的做法，学术期刊也要以实际发展水平为基础，不断地优化内容结构与栏目设置。

无论是数字出版还是纸质出版，都要在期刊内容上下功夫，注重期刊质量工程建设，打造学科内的优质品牌，这是学术期刊发展的必然选择，也是在优胜劣汰市场化条件下得以生存并赢得竞争的必然途径。就高校学术期刊而言，要利用本校与兄弟院校的学术资源，提高刊文质量，引领学科发展，打造品牌、办出特色，重视技术层面数字化手段的运用。除优质稿件外，还要注重数字媒介的更新速度。高校办刊人员有限，但资金方面压力小于企业运营的期刊，要及时发布本刊最新论文与学术前沿动态。对于一个在内容上没有保持更新的媒介平台，读者不会经常光顾，期刊将最终失去读者群。当前，大多数学术期刊尤其是高校学术期刊，在对国内外学术前沿信息追踪上还有很长的路要走，期刊所展示的信息还多停留于稿件相关信息的展示与查询上。

（四）传统出版与数字化出版并重

传统纸质出版单位经过多年的工作积累，具备出版资源与信息，但对数字化运营的模式和技术还相对陌生，因而需要与投稿系统开发商、手机阅读运营商等加大合作力度并及时反馈信息。数字出版与纸质出版双轨并行是当前学术期刊传播的主要途径，可以针对二者传播的不同特点，调整各自的内容与出版方式。相对而言，前者传播速度快，信息获取便捷；后者发行速度偏慢，需要经历邮寄投递过程进而耗时较长，但具备可随时取用阅读，便于携带、保存与传阅，舒适度强，阅读时注意力集中不易产生眼部疲劳等优势，也符合一些读者的阅读习惯。

（五）坚守学术道德

学术期刊的使命是追求学术性，必须面向学术前沿，提升学术品质，维护学术公正，捍卫学术尊严，彰显学术价值[①]。《教育部国家新闻出版广电总局关于进一步加强和改进高校出版工作的意见》（教社科〔2015〕1号）指出："进一步明确高校出版工作的功能定位。高校出版是我国教育事业和出版事业的重要组成部分，是传播社会主义先进文化的重要阵地，是培

---

① 接雅俐，郭立锦.学报编辑培养策略研究——明确职业定位，提升专业发展 [J].中国科技期刊研究，2011，22（6）：956–958.

养德智体美全面发展的社会主义建设者和接班人的重要力量。高校要充分认识高校出版工作在立德树人根本任务中的特殊重要性，把出版工作摆在重要位置，纳入学校发展总体规划，支持出版单位的改革发展，加强对出版单位的管理，充分发挥高校出版工作在人才培养、科学研究、社会服务和文化传承创新中的重要作用。" "高校要强化大局意识、政治意识、责任意识、阵地意识和底线意识，高度重视出版工作的意识形态属性，注重出版物的社会效益和社会价值，努力实现社会效益和经济效益、社会价值和市场价值相统一，当两者发生矛盾时，经济效益服从社会效益，市场价值服从社会价值。" ①

学术期刊，尤其是高校学术期刊要坚守学术道德，跟上时代发展的步伐。学术期刊编辑要具备良好的职业素养与职业操守，爱岗、敬业、乐业，具备职业敏感性与责任感，能够捕捉到前沿信息。数字化出版使读者获取信息的途径更加便捷、信息渠道更广阔、方式更便利，但也易滋生学术不端行为。因此，编辑要树立版权保护意识，在数字出版工作中不要有侵犯版权的行为，也要与作者合作打击网络盗版侵权行为；加大对学术不端行为的惩戒力度，建立作者诚信档案或者黑名单制度；对一稿多投、严重抄袭、伪造数据等学术不端行为予以期刊业内通报处理。

数字化出版带来的知识产权问题，主要是版权问题凸显。比如，微信公众平台上学术论文的传播，有时并未被授予版权，相关法律法规的制定也无法适应当前数字化发展的需求。如何在现有环境下，既保证期刊的数字化发展，又能保障版权所有期刊和发文作者的权益，使二者在学术论文被长时间反复使用后，能够增加收益并扩大影响力，这就需要国家出台相应的法律法规加以保障。

（六）结合融媒体与智媒体

2000 年起，我国学术期刊的媒体融合出版逐步开始，各期刊开始建设

---

① 中华人民共和国教育部. 教育部国家新闻出版广电总局关于进一步加强和改进高校出版工作的意见 [EB/OL]. （2015-02-19）[2020-03-23], http://www.moe.gov.cn/srcsite/A13/s7061/201802/t20180208_327146.html.

官网实现全文上网和 OA 出版 ①②③。新媒体的兴起使学术期刊的出版形式与运营形态发生了时代性的转变，这就要求学术期刊要以纸质期刊为基线，融合多层级全媒体业态，深度挖掘"互联网 +"技术下的新出版模式。《中国科技期刊发展蓝皮书（2018）》数据统计显示，有 82.61% 的期刊有自己的官方网站，有 70.41% 的期刊建立了自己的微信公众平台，有 87.91% 的期刊已经加入中国知网、维普、万方、超星等期刊数据平台，有 18.24% 的期刊联合国际出版商进行国际出版，还有一小部分期刊创建了自己的移动端 App 和微博账号等 ④。从盈利方式和收入来看，仅有 17.81% 的科技期刊在新媒体的运营上有盈利，盈利方式主要是知识付费、广告收入和项目合作，部分科技期刊的新媒体业务已初具品牌，如《中华护理》杂志社微信公众平台的关注量截至 2018 年 3 月已达 10 万人 ⑤。

1. 融媒体与智媒体

媒体融合是互联网时代的显著特征，传统的期刊发行模式由订阅变为开放式存储模式，读者的阅读方式也由全篇阅读方式向碎片化阅读方式转变 ⑥。这就需要学术期刊通过媒体的融合发展，提高线上和线下的品牌知名度，满足读者多样化的阅读需求，履行科技期刊以科研探索助力创新型国家发展的义务与职责 ⑦。

媒体的核心在于"融"，这是传统媒体转型实践的重要方向。自 2014

① 景勇，郭雨梅，钟媛，等 . 科技期刊融合发展的阶段、内涵与策略 [J]. 编辑学报，2019，31（1）：17-20.

② 佟昕，赵博，韩倩茜 . 科技期刊数字化出版与新媒体融合发展对策探析 [J]. 视听，2018（7）：240-241.

③ 汪汇源 . 新媒体时代下科技期刊发展现状及对策研究——以农业科技期刊为例 [J]. 农业科研经济管理，2019（1）：40-44.

④ 中国科学技术协会 . 中国科技期刊发展蓝皮书（2018）：科技期刊融合出版专题 [M]. 北京：科学出版社，2018.

⑤ 杨婷，姜小鹰，曹作华 . 科技期刊媒体融合发展的实践与思考：以中华护理杂志社为例 [J]. 中国科技期刊研究，2018，29（12）：1252-1256.

⑥ 侯琰婕 . 融媒体时代科技期刊的运营策略——以《未来科学家》为例 [J]. 出版广角，2019（23）：52-54.

⑦ 尤红 . 媒体融合背景下期刊转型——以《未来科学家》的融媒实践为例 [J]. 传媒观察，2016（12）：27-28.

年8月8日，中共中央全面深化改革领导小组第四次会议上提出《推进传统媒体和新兴媒体融合的意见》之后，融媒体成为热门词语，其本质是传统媒体与新兴媒介的有机互动和融合，如报网融合、报网互动等，重点在于融合与互动。从传媒业发展趋势来看，未来将以互联网媒体为主体，而传统媒体价值将变小，融媒体只是传统媒体向互联网转型的一种过渡形态，并非创新的、全新的媒体形态，并不代表着传媒业的未来。

智媒体的核心在于"智"，是互联网媒体发展的未来形态，以互联网为主导，能够更好地建立用户连接的技术媒体，是一个可以实现盈利模式多元化的生态系统。智媒体立足于共享经济，充分发挥个人的认知盈余，基于移动互联、大数据、虚拟现实、人机交互等新技术的自强化的生态系统，形成了多元化、可持续的商业模式和盈利模式，实现信息与用户需求的智能匹配的媒体形态。智媒体的本质主要体现在智慧、智能与智力三个方面[1]，所谓智慧，是指媒体要具备高尚的价值观，作为社会的良心传播者并记录社会的真相；所谓智能，是指实现信息智能匹配，通过人工智能与大数据等手段，满足用户对信息个性化与定制化的需求；所谓智力，是指智媒体本身的自我演化、完善与发展。

2.新时代高校学术期刊发展路径

首先，保持大学精神对高校学术期刊的引领与贯穿作用。数字化出版大大地加快了学术成果的传播速度，也为校外学术共同体提供了通过学术期刊了解高校的更便捷窗口，通过了解期刊办刊宗旨、刊文质量与编辑人员的工作风貌等方方面面进而了解这所大学及大学精神。基于系统科学理论分析，数字化出版使大学学术生态系统与外部环境超系统间物质与能量交换的速度加快并加剧。学术期刊数字化出版传播的便捷与快速是一把"双刃剑"，若对办刊方向把握不当、刊载论文质量良莠不齐，将影响所在高校的学术生态环境，久而久之将对整个国内学术生态系统产生负面影响。

其次，高校学术期刊要既有官网，又有自媒体和自媒体组织——期刊的公众平台、微博、客户端等，依据自身实际情况开展工作。随着公众平

---

① 郭全中.智媒体的特点及其构建[J].新闻与写作，2016（3）：59-62.

台关注人数的增加，可以在免费浅层次信息服务的基础上，增加针对关注者个人的深层次信息服务内容；借助"两微一端"中的音、图、像等功能，使展现形式更加灵活，利用新媒体时代信息传播速度更快的特征，在经过作者同意的前提下，可以对学术论文包括标题在内的内容进行二次编校，以在新媒体时代更加吸引眼球；加快了最新学术成果的传播速度，进而加大了期刊的影响力，实现了学术论文内容的碎片化，加大了阅读的趣味性。

再次，高校属事业单位，在灵活性、规模和市场应对能力上有很大的缺陷[①]。当前，大部分学术期刊主要靠广告费和版面费维持基本的印刷费、人工费、租赁费等传统出版方面的费用支出。高校学术期刊可以利用本校的优势，尤其是技术资源优势，自主研发与搭建平台、进行智库建设等，以增加期刊黏性，提升业内影响力。

最后，高校对学术期刊应加大支持力度，一方面加大对运营硬件设备与系统软件的支持，进行平台建设；另一方面，由于"重采编，轻经营"等问题的存在，高校应加大对编辑队伍业务培训的力度，培养并引进出版专业编辑人才。当前高校学术期刊的编辑工作岗位大多由具有报道范围相关学历背景人员从事，但是就新媒体运营、数字出版、信息开放、出版和产品规划设计方面，仍存在知识上的盲点。因此，高校既要支持编辑间的经验交流与总结，也要鼓励中老年编辑继续发挥带头作用，引领人员紧跟当前国内融媒体、智媒体发展的步伐。

第三节　微信公众平台的创建与维护

2015年7月4日，国务院印发《国务院关于积极推进"互联网+"行动的指导意见》。所谓"互联网+"，即"互联网+各个传统行业"，这不等于互联网与行业的简单相加，成为二者之和，而是使传统行业通过信息通信技术以及互联网平台，与互联网进一步深度地融合为一体，进而创新的社会形态，充分发挥互联网在社会资源配置中的优化和集成作用，将互联

---

① 岱青，杨永平.融媒体背景下传统科技期刊发展策略[J].内蒙古科技与经济，2018（22）：347.

网的创新成果深度融合于经济、社会各领域之中，提升全社会的创新力和生产力，形成更广泛的以互联网为基础设施和实现工具的经济发展新形态。"互联网 +"是创新 2.0 下的互联网发展新业态，是知识社会创新 2.0 推动下的互联网形态演进及其催生的经济社会发展新形态。"互联网 +"时代的到来，为各行各业的繁荣发展提供了更多的机遇与挑战。

一、微信公众平台

2011 年，微信诞生并成为"互联网 +"时代越来越重要的传播媒介。时至今日，微信已不仅仅是一个聊天的 App，更集通信、社交、资讯于一体，具有传播空间与传播速度的优势，蕴含着社会效益和经济效益，成为为用户提供多种体验的"现象产品"。习近平主席在《关于推动传统媒体和新兴媒体融合发展的指导意见》中提出，要遵循新闻传播规律和新兴媒体发展规律，强化互联网思维，坚持传统媒体和新兴媒体优势互补、一体发展[①]。如今，微信公众平台也成为学术期刊传播的重要路径，越来越多的编辑部以此吸引读者，扩大期刊影响力，加快学术资讯传播的速度。学术期刊作为传播学者科学研究成果的关键平台，体现着高校与科研院所等最先进的科学研究水平。

数据显示，目前微信用户已超过 10 亿人。微信公众平台开通的程序相对简单，但是传播速度与覆盖面要比其他媒介，尤其是纸质媒介快得多、大得多。相比其他渠道，微信公众平台具有以下优势。

1.传播速度快，成本低，不受时间和空间的限制

学术期刊借助微信平台运营的优势为：传播速度快，成本低，不受时间和空间的限制[②]。信息革命的重大特征是知识生产与传播速率加快。"互联网 +"时代信息传播呈现极大丰富、多向杂面、及时迅速的特征，专业性极强的学术期刊面临着巨大的冲击。传统的纸质媒介危机已经发生，学术期刊在网站建设等相关领域的工作中需要投入越来越多的精力，微信相关工作也将越来越普及。学术期刊可以通过微信公众平台，实现移动出版、资

① 习近平.关于推动传统媒体和新兴媒体融合发展的指导意见[EB/OL].(2014–08–18)
[2019–05–06]. http:// media.people.com.cn/n/2014/0818/c120837–25489622.html.

② 刘星星，崔金贵，盛杰，等.学术期刊微信公众平台运营中的优势转化及实践盲点 [J]. 中国科技期刊研究，2016，27（2）：207–211.

讯推送功能，还可以进行稿件查询、与编辑部老师互动等，具有明显的时效性、专业性，能适应不同的阅读环境。微信公众平台可以采取推送文字、图片、视频的形式，丰富学术期刊信息传播的媒体形式；用户可以利用碎片化的时间，随时随地地迅速了解学术前沿动态，查询稿件的进度；作者、专家与编辑部的沟通渠道，在电话、邮件等形式的基础上，进一步实现了多样化。

2.期刊的影响力得到提升

微信公众平台推送的内容要具有价值，才能够吸引用户去关注。平台推送的内容可以采取文字、图片、视频与音乐等多种要素混排的形式，为读者提供更丰富的阅读体验。该平台建设已经成为学术期刊新媒体建设、营销，实现学术信息传播，塑造期刊品牌形象，提升期刊影响力的重要内容与手段。学术期刊不仅可以利用公众平台推送学术论文，还可以推送投稿技巧、基金申请、学术情报等相关信息。

学术期刊公众平台名称的拟定是影响其推广效果的因素之一。为了精准检索与推广品牌，一般学术期刊都会采用期刊名称命名。然而，在公众平台申请的实际工作中，经常会出现期刊名称被抢注的情况。以笔者的任职单位《教学研究》编辑部为例，因为期刊名称被提前抢注，不得不采取加字的方式对公众平台进行注册，比如选择"燕山大学教学研究""教学研究杂志"或"教学研究微刊"为名称。因此，尽早认证与本刊刊名一致的公众平台非常重要，否则将给后续工作带来很多负面影响。

二、微信公众平台运营中存在的问题

（一）微信公众平台开通比例较低

学术期刊微信公众平台的开通与否，取决于期刊与新媒体、社会化媒体的接轨程度。万方数据发布的《2018年版中国科技期刊引证报告（扩刊版）》显示，2017年我国正式出版的各学科中英文期刊共6 667种，包括社会科学类期刊2 380种，自然科学类期刊4 287种[①]。从整体来看，很多学术期刊尚未开通微信公众平台。2014年，钱筠等对1 998种中国科技核心期刊进行

① 北京万方数据股份有限公司.2018年版中国科技期刊引证报告（扩刊版）[M].北京：科学技术文献出版社，2018.

调查统计，研究发现已开通微信公众平台的只有 147 个，占比 7.36%，而这其中，有 21% 的微信公众平台属于"僵尸号"（即开通后未向用户推送过任何信息）[①]。2016 年，黄锋等统计了高校学报微信公众平台的建设情况，发现高校学报中开通微信公众平台的期刊尚不足 7%，且已开通微信公众平台的学报中有 31% 为"僵尸号"[②]。数据显示，目前学术期刊微信公众平台的开通程度较低，对此推送学术成果的形式未予以足够的重视，具体原因主要有以下两个方面。

1. 观念未与时俱进

目前，大部分学术期刊尤其是高校学术期刊，编辑往往着力于稿件的编校与稿源质量的提升，与作者、专家、编委的沟通相对较多，对网络平台推送等相关领域并不了解，对于微信公众平台建设的重视程度与花费精力不够。

2. 编辑工作量的安排

高校学术期刊编辑部往往人员编制有限，而微信公众平台从申请到维护相对耗时，需要由专门的运营人员或团队负责推送并保持一定的频度，对所安排内容、版式的设计也需要耗时耗力。因此，一些学术期刊并没有将人力、物力投入到公众平台建设中去。

（二）功能与结构有待完善

目前，学术期刊对微信公众平台的利用主要集中在期刊的目录推送与文章的精选上。比如，一些学术期刊开通了微信公众平台，但长期不更新内容，推送频率过低，不能够与时俱进，成为"僵尸"微信公众平台；一些学术期刊的推送内容仅限于纸质期刊的电子版上传，导致用户关注度不高，公众平台黏性不足。

微信公众平台的传播效果影响着期刊在学术界的话语权，值得注意的是高校学术期刊由于人员编制等限制，往往没有专门的美编与设计，微信公众平台的推送，在色彩运用、字号区分、布局设计、线条样式等排版方

---

① 钱筠，郑志民. 中国科技核心期刊微信公众平台的应用现状及对策分析 [J]. 编辑学报，2015，27（4）：379–383.

② 黄锋，辛亮，黄雅意. 高校学报微信公众平台的发展现状和运营策略研究 [J]. 中国科技期刊研究，2016，27（1）：79–84.

面存在内容样式单一、过于简单等问题。学术期刊编辑在设计推送内容时，要考虑到若全为学术论文则会使内容过于平淡，应学会挖掘传播点，吸引更多读者的关注。

（三）服务功能尚未得到完全开发，受众积累受限

微信公众平台一共分为四种——服务号、订阅号、小程序和企业微信，前三种相对更适合学术期刊申请。公众平台服务号每个月只能推送4次，因此选择合理的服务功能类型至关重要。学术期刊在申请公众平台时，要对其类型的选择有细致的考量，对公众平台的内部功能要了解清楚，便于读者对信息、资讯进行检索，吸引读者利用碎片化时间阅读公众平台的内容。学术期刊一定要了解读者的需求，比如，一般投稿作者会关注稿件处理进度、热点文章推荐、过刊目录。

三、对策分析

高校学术期刊要将大学精神体现于办刊的方方面面，对于微信公众平台的建设，也要坚持"百花齐放、百家争鸣"的方针，体现大学人对学术自由与学术独立的追求以传承大学精神，不能仅仅拘泥于死板的推送模式，刻意回避科研领域中的一些争议点，应鼓励思维碰撞与智慧火花的产生。高校学术期刊编辑作为大学人，也要保持不断学习的状态，秉承科学、严谨、创新、求实的大学精神与兢兢业业的"工匠精神"，投入期刊出版工作之中。

（一）学术期刊编辑多关注、多学习，提升新媒体素养

编辑部积极申请微信公众平台，并投入足够的人力、物力、财力进行运营，打造相对专业的运营团队。在人员安排上，有条件的高校期刊管理部门（往往由多个学术期刊的编辑部构成）可抽出人员组建单独的数字媒体部门来运营微信公众平台；在微信公众平台的宣传上，可调动全体编辑参与，通过给老作者、编委、专家等发送邮件、微博账号、期刊网站主页、期刊封面的途径推送期刊微信公众平台二维码，通过让用户扫描二维码来关注微信公众号。除此之外，微信平台还可以开通留言功能，由负责的团队或编辑与关注者互动；也可以由编辑部通过平台推送一些论题、选题，让读者参与留言讨论，增加期刊黏性。

（二）对微信公众平台进行合理的功能定位

如何对微信公众平台功能定位、规划是其建设的重要问题，一般认为微信公众平台应建立在纸质期刊的基础上，但又不能受制或拘泥于此。微信公众平台的内容与学术期刊的内容既要相辅相成，又要不断地创新与突破，能够发布学科前沿资讯并具有合理的频度，便于读者与作者阅读、检索。（1）综合服务的平台。纸质学术期刊对应的是单纯阅读与获取知识的平台，而微信公众平台实现了立体式传播，往往比电话、邮件等沟通方式更为快捷、迅速。订阅用户可以通过登录手机微信客户端，随时随地，迅速、直接地了解期刊的栏目设置、选题策划、用稿需求、投稿要求与方式、期刊目录以及学术界最前沿的动态。（2）新媒体传播的平台。微信公众平台发文数量有限，能承载的信息量也有限，不符合深度阅读的模式，因此应该使用微信公众平台更多地实现纸质期刊难以实现的服务功能，能够动态、高效率地，通过文字、图表、动画等多种形式的组合，更有效率、更精准地进行信息推送。（3）学术研究交流的平台。互联网时代，互动交流更为便捷。学术期刊的微信公众平台可以实现编辑部与读者、编委的互动功能，可以开辟相应栏目，也可以通过后台实现互动，并对留言进行精选。

（三）提高编辑队伍的服务意识，发挥工作的主观能动性

微信公众平台需要刊载精练、直接、优化的内容，吸引并抓住读者群，优化栏目设置。学术水平相当的学术期刊，在同样开通微信公众平台的情况下，往往所推送的文章标题更精准、更优化就会更具有优势，长久下来将会吸引更多读者群体，增加期刊的黏性，实现良性循环。优化内容涉及文章版式，往往需要付出较多的精力。一般学术期刊编辑部人数配置有限，尤其是高校学术期刊编辑的选聘门槛往往较高，人员设置又受到学校编制设置的限制，这就需要编辑一人多能，增强服务意识与敬业精神。

1）学习微信公众平台运行的相关知识。编辑们需要对微信公众平台推送的内容进行策划、编排、编撰，增加图表、图片、音频、视频等要素；对微信公众平台进行日常的维护与管理，根据学术期刊的需求来设计内容与推送的频度；对公众平台内容进行及时更新，对读者留言、意见等及时

处理与反馈。

2）对学科前沿知识与信息进行梳理。单纯地推送纸质文章的电子版往往难以满足读者的需求，这就需要编辑对学科或期刊相关的前沿知识学习、梳理，并撰写相关推送文章。比如，对反映期刊学术水平的评价结果，北京大学《中文核心期刊要目总览（2017年版）》（北大核心期刊）等进行通报；对人大复印资料转载情况进行报道等；发布学术期刊行业会议通知与新闻等。这就需要编辑掌握前沿学术会议信息、学科最新研究进展等。

（四）青年编辑尤其需要学习、掌握新技术

高校学术期刊要发展，编辑人才梯队建设至关重要。"互联网+"时代的学术期刊编辑需要通过多种途径掌握新技术以提升业务能力，快速提高自身的专业素养。目前，大部分学术期刊的编辑，尤其是青年编辑都具有专业背景、较高学历，但缺乏足够的工作经验积累，易导致工作效率低下，且一时难以被办刊的"学术资源后盾"——学术共同体快速接受与认可。青年学术期刊编辑接触新媒体、新技术的机会更多，要不断学习以广结人脉不断进步。比如，按照国家要求参加每年的编辑业务培训、期刊相关领域学术会议、期刊评价机构召开的会议等；向同行前辈请教，研读编辑类专著、期刊；向高水平同领域学术期刊学习办刊经验等。

（五）注重维护作者与学术期刊的权益

学术期刊微信公众平台的推送为读者获取学术资源提供便利的同时，也使一些网络盗版侵权行为滋生。维护版权不能仅仅依靠编辑部的力量，还需要国家加强对新媒体传播方式的监管，制定相关法律法规，使网络出版环境下的版权维护"有法可依"，以保证学者投身于科学研究事业的精力与动力。在今后的工作中，政府要加强立法的前瞻性、系统性与可行性，创新工作思路与模式，拓宽法律法规宣传渠道，"执法必严、违法必究"，行政机关与司法机关应积极配合立法机关的工作[①]。

---

① 孙菊.政府规制下的网络消费环境构建[J].商业经济研究，2016（12）：30–31.

第九章

智媒体下学术期刊
发展路径创新与品牌塑造

网络与数字化技术的快速发展，使传统的出版与阅读方式发生改变，学术期刊的生存与传播面临着新的机遇与挑战。高校学术期刊一方面由于身处高校，资金来源与人员构成相对稳定；另一方面，由于现行的评职评奖政策并无生存的问题，甚至处在被恳求的地位，故此改革的动力与力度略显不足。但随着智媒体时代的到来，高校学术期刊坐在"象牙塔"中看"云卷云舒"的心态终将改变，要顺应"智能＋智慧＋智库"的新媒体形式，秉承大学精神向信息化、国际化、网络化纵深推进，以纸媒为基线，结合"两微一端"融合媒体的方式加快期刊改革步伐，在保护版权的前提下创新传统传播路径。同时，编辑队伍要进一步认清形势，解放思想，坚守职业道德。

只有这样，才能使大学精神通过积淀与凝聚作用与高校、高校学术期刊，乃至整个社会生活实际相通融，提高本路径策略研究的科学性与生命力，对我国特色的高校学术期刊建设方略的本土挖掘、中国大学文化精神的价值彰显乃至高等教育发展的国际化走向提供智慧。

第一节　智媒体时代学术期刊出版路径创新

智媒体时代的到来为学术期刊的发展提出了新的机遇与挑战。学术期刊的传播变得更为快速、精准、简单，使我国传统的学术评价和期刊评价制度受到了挑战，使作者、读者与编辑三方紧密联系成为可能，使学术成果展示更为直观。新形势下，学术期刊要创新办刊理念，与也要保持自身的学术操守，以引领学科发展为使命：首先要明确定位，以内容为王；其次，编辑队伍要兼备"服务者"与"资源掌握者"的双重身份；再次，学术期刊与编辑个人要塑造品牌；最后，数字化出版下要坚守学术道德。

一、发展呈现新特点

PC 互联网的热度逐渐被移动互联网取代，短短十几年人工智能时代又已然到来。凯文·凯利认为"技术都会有一个前进的方向，它叫作必然，就是这个趋势像重力一样，一定会发生"[①]。新媒体的兴起使学术期刊的出

---

① 李鹏 . 打造智媒体 提升传播力 [J]. 新闻战线，2018（13）：16-18.

版与运营形态发生了时代性转变，要求学术期刊以纸质期刊为基线，融合多层级全媒体业态，深度挖掘"互联网+"技术下的新出版模式。如果说融媒体是传统媒体向互联网转型的一种过渡形态，而非创新全新的媒体形态，也不代表传媒业的未来，那么智媒体将是互联网媒体发展的未来形态。智媒体是以互联网为主导更好地建立用户连接的技术媒体，是可以实现盈利模式多元化的生态系统，实现信息与用户需求的智能匹配的媒体形态。

（一）传播快速、准确、简单

应用性与前沿性是编辑出版学的重要表征[①]。智媒体下，学术期刊出版将呈现"快""准""简"三个特点。首先，学术期刊的出版周期一般较长，执行国家当前的"三审三校"制度，有月刊、双月刊等多种出版周期。智媒体下数字化出版省去了纸质期刊印刷与邮发中间环节消耗的时间，甚至实现原发成果的落地抢发，使学术成果的传播更为快速。其次，智媒体可通过算法对期刊的读者群进行个性化、精准化、定制化的推送，更加具有时效性和针对性，实现期刊、作者、读者三者的连接，大幅提升了期刊的黏性，使学术成果的传播更为准确；学术期刊的传播中心，实现由"本"到"单篇"再到"片段"的转变过程。最后，"简"包括出版过程的简化，也包括物质载体的简便。通过 AI 等手段简化并重构生产，采取人机交互等创新形式，期刊的采编和出版过程被智能化检测，从而简化了出版流程。比如，对编辑的考核进行建模；对学者的研究水平和成果数据挖掘与筛选，进而确定约稿对象；对学科前沿动态通过大数据分析。同时，承载信息的物质载体越来越简单、轻便甚至趋于无形，各种便携化的移动终端和技术逐渐取代厚重的纸媒出版物。

（二）对传统学术评价和期刊评价制度提出挑战

智媒体下学术资源信息的获取更加智能、高效、便捷，进而使打破传统的"以刊评文"学术评价体系成为可能。在智能化的检索系统下，研究成果的评价将以质量取胜。一方面，学者能从期刊全文检索数据库的大量文献中，快速查到文献作者和内容等方面的内容；另一方面，"两微一端"

---

① 陈洁.面向智媒时代的编辑出版学产学研共同体建设探究[J].出版广角，2020（2）：17-20.

等的学术期刊传播新路径，也使读者随时随地获取和发表学科前沿成果成为可能。在现有学术评价语境下，往往存在"以刊评文"的现象，即高影响因子的期刊成为高质量和高影响力的代名词。而智媒体下，学者对参考文献的阅读与抓取将不再简单地以所刊载期刊的层次为主，去衡量学术成果的水平，而是以质量为王。一些名不见经传的普通期刊刊载具备学术性、能见度、引导力、创造活力皆佳的学术成果，同样能引爆阅读量，获得学界的关注，产生巨大的影响力。

（三）作者、读者、编辑三方沟通便捷，学术成果展示直观性强

网络化是学术期刊出版工作中的高级形式，也成为目前发展的主流形式。一般学术期刊具备自有的网络管理系统，可以通过系统实现与作者的交流与互动。智媒体下，学术期刊编辑不仅可以通过自有投稿系统、邮件、QQ、短信等形式与作者沟通，实现稿件处理的网络化、透明化、公正化，还可以使用微信公众号、App 等留言互动功能，设置更为友好、人性化的分发界面，通过 AI、云计算、机器学习等为作者和读者提供"一文多样"的个性化推送，在编辑环节设置不同的分发节点[①]。智媒体下，论文应采取文、图、影、音、动画甚至 VR 等多种呈现方式，移动优先，增强学术成果的直观性，以达到更好的学理传播效果。比如，就一些案例、公式推导、实验等可以设置链接或二维码同步推送视频；就一些期刊的编委或者重要作者，可以同步推送作者研究背景、发文情况，以及文章相关的学术报告视频或其他相关论文链接。同时，期刊也将做到终端多覆盖，包括传统端、PC 端、移动端、新终端等。

二、智媒体时代高校学术期刊的理念与坚守

（一）对大学精神的引领需求更为迫切

智媒体的个性化、精准化、快速化、简单化、智能化、覆盖面广、直观性强等特征使学术成果的传播更为便捷，为高校学术期刊提供了更多吸引学术共同体关注的路径，也为非相关专业的读者群体提供了更多了解期刊的机会。以微信公众平台为例，学术成果推送后传播效果随着点击量的

---

① 刘俊.智媒时代学术期刊内容创业[J].中国出版，2017（23）：9-14.

不断攀升而加大。一些优质学术期刊公众号推送的学术论文，几小时的阅读量可高达成千甚至上万。那么高校对学术期刊推文质量的把控就显得尤为重要，因为它不仅仅代表一本期刊，还代表着办刊高校的整体科研水平，反映着大学学术生态系统的运行状况。

大学精神是大学的灵魂所在，大学的价值取向、精神追求、道德规范、凝聚力、组织文化通过选题、学术性与办刊人员的严谨性等载体得以彰显。秉承大学精神，坚守"创造精神""批判精神""社会关怀精神"，有利于高校学术期刊在智媒体时代保持正确的办刊方向，不随波逐流，在期刊评价的"紧箍咒"下能够保持对学术自由的追求，这与大学的源起具有根本的一致性。面对智媒体时代的信息过载与各种诱惑，从办刊最底线的角度来看，大学精神凸显了高校间场域的边界性，坚持大学精神的引领作用有助于避免期刊工作人员学术不端、学术越轨甚至学术腐败行为的产生。

（二）要明确定位，以内容为王

学术期刊的定位包括目标定位与读者定位。期刊官网已成为当前学术期刊传播过程中的门面。网络出版加快了学术期刊的国际化步伐，互联网消除了纸质媒介传播带来的局限性，弥补了国界和地理位置带来的隔阂。所以，智媒体下期刊相关的平台要体现出学术期刊的定位，包括读者群、发文方向、重点栏目、以往发文质量、作者层次等。这就要求设计时，界面的导航功能有所变化，实现场景化和虚拟化，体现带入感并强调个人体验，最终目的要便于读者阅读，找到自己关心的内容，了解学术期刊的风格，增强对读者、作者群体的黏性。

（三）编辑兼具"服务者"与"资源掌握者"双重身份

智媒体下，学术期刊将在更多领域展开行业竞争，但读者至上的服务理念不能改变。比如，期刊官网设计时应充分考虑读者构成，在网站上设置方便的导航功能，便于读者快速找到自己需要的资源，并兼顾网站设计的美观；使读者便于投稿，并能够实时了解稿件处理进度；设置行业最新研究资讯的发布，以及 IOS、安卓等不同手机操作系统下阅读方式的推介；展示已发文章的层次水平，编委会人员的构成，等等。这些都是读者全方位了解期刊的媒介，也是读者希望获取或了解的信息和内容。随着期刊公众号关注人数的增加，期刊可以在免费浅层次信息服务的基础上，增加针对关注者个人的深层次信息服务内容。同时，借助"两微一端"中的音、图、像等功能，使学术期刊的媒体形式实现内容碎片化和阅读的趣味性；利用新媒体时代信息传播速度更快的特征，对学术论文在经过作者同意的前提下，进行二次编校以在新媒体时代更加吸引眼球，从而实现学术论文内容碎片化和阅读的趣味性，加速最新学术成果的传播速度。高校学术期刊可以利用技术资源优势，提升期刊的业内影响力。

优秀的学术期刊编辑是学术资源的掌握者，具有学术号召力与凝聚力，拥有学缘关系等较多的学术资源，可利用智媒体提取最新选题和适合的作者群体，对期刊的学术资源进行整合，进而发挥学术期刊的引领与导向作用。优质期刊需要优质资源支持，作者就是编辑的核心资源[1]。学术期刊的编辑既要有甘于寂寞、埋头苦干的工匠精神，打造精品，也要积极参与社会活动，进行社会调查。这样才能拥有稳定、高水平的作者队伍与专家顾问团，保证稿件渠道稳定，使这些资源能够以点代面地对学者所在院系甚至学校和科研院所产生影响，对作者队伍和专家团队及周边产生黏性，提升学术期刊的品牌影响力。

第二节　智媒体时代学术期刊的品牌塑造

国家创新体系的核心为知识的生产、传播、转化应用并创造经济效益，促进经济的发展。由于学术期刊具有对学术研究成果记载、评价、引领与传播的四大作用，且处在知识生产的末端，是传播与展示学术成果的主要平台，在国家创新体系中的作用将越来越重要。品牌即价值，品牌即生命。随着智媒体时代的到来，移动互联网技术、区块链技术、5G、大数据、机器学习与人工智能等新技术层出不穷，学术期刊要坚持操守并完成使命，适应新时代的发展特征，就要对工作内容进行全面创新，克服办刊中的惰性与盲目性，助推原创性研究并以质量为王，从刊载质量、出版形式、传播渠道、

---

① 王运平.论学术期刊编辑自我成长三大功力[J].中国出版，2019（9）：36-38.

编辑素质等多方面全方位、立体打造期刊品牌，以实现我国期刊业的快速、蓬勃发展，紧随时代发展塑造期刊品牌，打造名刊，提升在国际学术界的影响力。同时，也要将智媒体下对用户体验的重视提升到新高度，快速且精准地推送以提升期刊的传播力。主编与编辑作为学术期刊工作的主要参与者，要保持开放思想并不断创新工作模式，成为期刊品牌塑造的践行者。

一、学术期刊品牌的构建

品牌是市场营销学中的一个概念，为自身无形资产的集中体现，一般指企业中的高质量、高信誉、高效益、低成本。企业品牌，尤其是知名品牌，既是企业的无形资产，又是企业形象的代表。学术期刊属文化产品，要在国内外学术界产生影响就要塑造品牌，顺应智媒体时代新形势，对办刊过程的诸多环节乃至细节加以打磨、提升，具体主要包括两个影响要素，一是学术期刊出版各环节，如学术声誉、刊文质量、发文速度、传播周期、学术影响力与高水平作者群体的构建；二是学术期刊编辑群体整体形象的塑造。在构建学术期刊品牌时，应注意以下两点。

（一）以"质量为王"改写"以刊评文"模式

智媒体时代，学术期刊首先要注重学术声誉，以"质量为王"。学术期刊由于其特殊性，要以刊文质量为根本，以优质作者群为核心资源，接受学术共同体的普遍认可与支持，紧跟时代快速发展的步伐，此乃学术期刊品牌的塑造之道和生存之本。新媒体时代给传统的学术期刊评价制度提出了挑战，"以刊评文"势微，"以文评文"有了养料。新阅读方式下阅读分享与赞赏等新功能更为快速、便捷，加速了优质论文的传播，对论文质量的评议权在很大程度上脱离了登载期刊的束缚，大部分交到了阅读者手中。学术期刊的"评价""引领"与"传播"功能将在智媒体的加持下更为明显。仅凭所刊载的期刊在评价体系中的排名（CSSCI 等）来衡量刊文水平的模式将被弱化，这为所有期刊提供了更为公平的品牌打造的机会，使更多"非名刊"可以因优质稿源在学术界获得关注与认可。

（二）对用户体验的重视上升到新高度

智媒体中大数据、VR、AI 等技术使期刊出版与传播的方式也发生了巨大的变化，大大提升了发文速度，实现了网络优先出版、落地抢发；大大缩短了出版周期，使数字出版形式呈现多样态。学术期刊要将"用户"——作者与读者的体验，上升至重要位置，以进一步加强对作者的黏性，进而保证优质稿源，为期刊打造品牌提供必要条件。

1.传统展示路径

一方面注重纸质期刊印刷的精美，另一方面完善期刊官网与投稿系统界面设置，提供足够的学术成果展示与学术前沿信息，并添加过刊检索等功能，便于读者了解期刊的栏目设置、发文水平和作者情况。同时，官网上可开通互动留言区域，使读者、作者、编辑三方沟通更为便捷。一些投稿系统也设置了给编辑写信功能，建议编辑人员充分利用此功能，以饱满的热情服务作者。

2.新型传播路径

在信息过载的时代，人们的阅读方式也由纸质阅读变为移动终端阅读和碎片化阅读，媒体融合使新媒体平台的影响力超越了纸质期刊本身。学术期刊要加强"两微一端"建设，使用大数据、机器学习、AI、VR、VI等技术，积极探索数字化出版的新形式，第一，不再满足于纸质期刊的数字化上网，也要对信息内容进行深度加工，与国际同行进行链接，为服务对象提供个性化、定制化、精准化的文章推送；第二，对发刊范围的重要作者群体信息进行抓取，以了解学科前沿的新动态，关注作者最新的研究成果；第三，对最新的行业会议信息和新闻进行提取，以主办、承办、协办或参与会议，并将信息分层、分组推荐给不同作者与读者群体；第四，数字出版可结合文本、语音、图像、视频等多种展示形式，对于公式推导、实验过程等的展示可设置链接提供视频；第五，就编辑与作者、读者的互动方式，可通过线下学术会议、沙龙、工作坊等形式沟通，也可搭建线上沟通区域，实现阅读产品的社交化与嵌入化。

值得一提的是，5G时代看似万物可联，无所不能，但开发全新的阅读产品、培养新的阅读习惯，资金投入很高，风险也较高。可利用已经深度介入到生活之中的新型智媒方式将学术期刊嵌入已广泛使用的电子设备中，满足客户多种需求的阅读体验方式。比如，对阅读内容心得体会的分享、同一研究方向合作者的智能推荐、最新会议资讯、相关发文方向的期刊推荐、付费型编校深度交流等。

（三）快速、精准推送提升期刊的传播力

媒体传播力受限于信息和媒介两个要素，强调传播的权威性、准确性、时效性以及深度和广度。信息是学术期刊所刊载的内容，重要性如前文所述；媒介是出版、发行环节的创新。智媒体下，学术期刊出版省去了纸质期刊印刷与邮发的中间环节，将更加快速、简单、准确，相对于传统媒介将显示更大的优势，利用云技术和大数据抓取与分析功能，可对推送目标进行更为精准的定位，对不同研究方向和学历层次的读者或作者群体采取多样化的推送方式，满足个人的不同需求。为提升传播力，期刊也可对论文内容在经作者同意的前提下，适当修改来适应新媒体传播的特点，以实现科研成果的二次传播。

（四）学术期刊品牌与编辑个人品牌的塑造

学术期刊的生命力与其背后学术团体的活跃度呈正相关。能否为学术共同体接受，仍然是判定其是否有存在价值的标准。智媒体下，信息传播速度更快并呈现交叉、立体化。作为学术期刊，要利用已有深度介入到生活之中的阅读方式，在采编审校、内容管理和内容传播等多层面，注重塑造备受学术共同体认可的品牌。引文来源期刊和核心期刊评价等并不能完全等同于期刊的品牌价值，智媒体下传播出版方式与形势的改变，为改变现有评价制度"一锤定音"的影响提供更多机会。对学术期刊传播过程中的嵌入化与社交化的设计，分享、互动、交换信息等功能的研发，也有助于对学术期刊品牌的塑造。

作为学术期刊编辑，在与读者、同行，以及学术圈内各种资源沟通、协作的过程中，要树立良好的个人品牌，这个品牌也关乎整个期刊能否获得学术共同体的认可与支持。编辑在文化产品生产环节中代表了期刊的形象，进而影响着整个期刊的口碑，可谓是行走于学术圈的期刊代言人。尤其对于在领域内品牌影响力一般学术期刊而言，编辑自身的品牌价值可高于期

刊的品牌价值，堪称学术团体中的"名片"。因此，期刊主办方一方面要加大对运营硬件设备与系统软件的支持，进行智媒体平台建设；另一方面，由于"重采编，轻经营"等问题的存在，要加大对编辑业务的培训力度，培养既具备学科知识背景，也懂智媒体运营相关的数字出版、信息提取与出版和产品规划设计等知识的编辑队伍，提高编辑的全面素质。

二、主编与编辑是品牌的直接打造者

在学术期刊的办刊过程中，主编与编辑虽分工不同，但直接影响着学术期刊品牌的塑造。因此，智媒体时代，二者要通过工作创新提升期刊的业内知名度与学术影响力，进而塑造期刊的品牌。主编与编辑其实就是行走于学术圈中的期刊名片，学术期刊为二者身后的学术共同体带来学术资源的物质载体。没有主编与编辑与时俱进的举措与优质形象，就谈不上学术期刊的品牌塑造。

（一）主编要实现三个转变，创新工作模式

主编是期刊办刊、治刊的主体，是期刊建设的领头羊。期刊的发展风格、办刊理念与价值观往往都受到主编的学术地位、学术造诣与学术共同体中人脉的影响。主编需要对期刊报道方向与前沿成果有精准的把握，结合社会热点拟题，避免办刊的同质化，通过约稿、组稿，充分体现期刊的学术价值，使期刊保持学术性、关注度、引导力与创作活力，同时积极组织对编辑队伍新技能的培训，以适应智媒体时代的新需求。要树品牌，突出办刊特色也是重中之重。因此，期刊主编要集中资源打造1~2个具备学科优势与特色的重点栏目，不用人有我有，也不能人云亦云。智媒体下，利用大数据功能将栏目精准推送至相关作者群体，获取栏目相关学者的研究数据和参会动态，并不断地跟进最新学术动态，主编工作也要实现以下四个转变。

1. 由"管理者"向"创业者"转变

主编不断开拓新的合作模式，寻求活跃学术共同体的支持，随着人们阅读方式的改变，不断创新工作思路。比如，数字出版中联合多个学术展示平台打造新媒体矩阵，创建符合期刊发文风格的 App，甚至融入 AR 技术

创新文章的阅读方式等。

2.由"学者"向"领导者"转变

当前学术期刊主编大多由资深学者担任，而在实际办刊工作中需要团队的分工配合。主编应该激活编辑队伍工作的积极性，鼓励每位编辑从埋头文字校对的工作中走出来，使编辑"学者化"的同时也能打破思维定式，实现利用智媒体多渠道与学者群体沟通与互动，增强期刊的黏性，积极探索新的工作模式。

3.由"审核者"向"服务者"转变

"三审三校"制度中，学术期刊主编处于把关者的位置，而智媒体时代更强调用户体验的满意度，因此主编应由高高在上的学术权威向服务者转变，精心策划选题并组织学者支持、参与。智媒体时代学术期刊的出版周期大幅缩短，以出版效率优先，实现传播路径多元化，进一步加速了期刊间的竞争，主编应把握学术界与读者群体的热点与关注点，提供最新且优质的学术成果展示平台以满足读者需求。同时，智媒体下，传统期刊评价制度的影响将被弱化，要"以质量为王"就需要增强服务意识以获取优秀学术团队的支持。

4.与同行合作求发展

学术期刊主编也要在新媒体下，以开放性的思维与同行互动合作，同行不再是冤家，道路不能越走越窄，而是应该借鉴同行的办刊经验，引领期刊间的合作，改变当前学术期刊"小而散"分布于各地、各自为政的局面[1]，竞争的同时也要竞合，同行之间实现资源共享，同一地区或同一发文方向的期刊合作，建立期刊竞合阵营，可以集中财力共建智媒体平台、矩阵联盟等以实现学术成果的更快速、有效传播。

（二）编辑要一专多能，保持开放思想

如果说主编负责期刊发展的宏观方向，那么践行期刊办刊理念的细节工作多由编辑落实。要树立学术期刊品牌，优秀的学术期刊编辑队伍必不可少。高素质的人才队伍是创新驱动发展的第一资源，也是学术期刊提升

---

① 李俊，杜辉，杨红，等．媒体融合背景下关于科技期刊转型发展的思考 [J]．编辑学报，2019（31）：157–159.

核心竞争力的关键要素。美国资深编辑柯蒂斯曾言："今天的编辑和老一辈编辑不同的是，他们必须十八般武艺样样俱全，既要精通书籍制作、行销、谈判、促销、广告、新闻发布、会计、销售、心理学、政治、外交等，还必须有绝佳的编辑技巧。"[①]

1.期刊层面

第一要加大对优质青年编辑人才的引进力度，减少对编辑部岗位设置的束缚与限制，适当提高编辑人员的薪酬待遇，减少编辑岗位人员的流动性。

第二要适度聘用兼职编辑，对期刊工作加以精细化分工，技术含量不高的编务工作可以由兼职编辑完成，比如稿费与审稿费的制作、出版数据的登统、官网后台的维护等，这样可以将专职编辑从烦琐的重复劳动中解脱出来。

第三要探索智能机器替代编辑完成简单性工作的路径，如文章格式、核红、勘误等，使编辑能更好地聚焦于创新性工作之上，如选题策划、编读互动、学理思考等。

2.个人层面

首先，学术期刊编辑要"一专多能"，不仅仅满足于"为他人做嫁衣"，还要具备深厚的发文相关学科专业知识，成为复合型、多元化人才，保持对学科前沿发展的敏锐性，为学者搭建学术观点交锋的平台，实现意识创新、机制创新、质量创新，保持开放的思想，不断地学习以满足智媒体时代对编辑出版人才新技能的要求，比如，新媒体内容创作工具的综合运用能力、传播数据的采集分析能力等。

其次，学术期刊编辑要具有扎实的文字基本功与工作作风，提高自身的文化素养与学术水平，真挚、热情、周到地为专家、读者、作者服务，以打造稳定、高水平的作者队伍，还要多渠道获取学术会议资讯，了解领域内最新科研进展，跟踪代表性作者的学术成果，同时，与期刊编委、作者群体等保持持续的沟通，以发展自己的顾问团，并保持良性互动与多元化的合作关系。编辑要具备合作与沟通的能力，增强号召力与凝聚力，增

---

① 格罗斯.编辑人的世界[M].齐若兰，译.北京：新星出版社，2014：47.

强期刊的黏性，增强服务本位意识，为期刊编委和专家团队提供个性化、精准化乃至定制化的服务模式。

最后，期刊属文化产品，智媒体下学术期刊品牌的塑造在竞争上将呈现全方位、立体化的趋势。读者即为市场，读者群越大就意味着市场越广阔，期刊在学术界的影响力与话语权也将越大，因此拓展期刊智媒体下与作者多途径的互动方式，塑造良好的业内口碑，提高学术能见度与辨识度，也是塑造期刊品牌的必由之路。

三、小结

综上所述，学术期刊为学者学术成果的展示搭建了平台。由于处在科研成果的末端环节，也由于当前科研成果界定标准的设置，职称、奖励评定标准的构成，学术期刊的生存不存在问题，这就导致了学术期刊办刊中存在危机意识不强的思想。智媒体是互联网媒体发展的未来形态，改变了信息传播的路径，这为我国学术期刊做大、做强，真正走向世界，打造国内乃至国际知名品牌提供了前所未有机遇的同时也带来了挑战，在保护好版权的前提下，秉承大学精神，积极适应新形势变化，提高刊文质量与作者满意度，提升主编与编辑团队的业务水平与创新能力势在必行。

从更宽广的历史视域下，大学自产生之日起便以追求知识与自由为使命，这与学术期刊的产生缘起具有一致性。学术期刊的诞生源于学人对自己思想与研究成果自由传播的渴求。时至今日，高校学术期刊已经不仅仅影响着本校的学术生态系统，担负展示本校学术成果的使命，在数字化出版、智媒体等手段的加持下作用还将被迅速放大，在大学精神的正确指引下将一直在人类科学研究与文明的进程中发挥不可替代的引领作用。

第三节 学术期刊的智库化转型

从世界出版史的视角来看，是大学孕育了最初的出版社。大学要完成最初传授知识的使命就需要以出版物为媒介记载与传播当时先进的知识与成果。欧洲大学出版业萌芽于 13 世纪，开始并兴盛于 15 世纪。最古老的出版社是英国的剑桥大学出版社与牛津大学出版社，前者于 1521 年印发了第一本书，后者于 1468 年出版第一本书《使徒教律之批判》[①]。时至今日，高校学术期刊作为大学出版的两大分支之一，通过定期发表最新的科研成果引领科学与文化的发展，体现着大学精神引领下的高学术性与高研究性。随着 5G、智媒体、AI 等技术的迅速发展，为适应传统媒体与新兴媒体融合发展的趋势，破解当前面临的困境，学术期刊的智库化转型符合现实需求。尤其是高校学术期刊在所属高校学术共同体科研资源与期刊编委等专家资源的双重助力下，更具备学术资源优势，据此具备实现智库化转型的先天条件。

一、学术期刊智库化转型的现实需求

十八大以来，以习近平同志为核心的党中央高度重视中国特色新型智库建设。2015 年《关于加强中国特色新型智库建设的意见》、2017 年《关于社会智库健康发展的若干意见》、2018 年《关于加快新闻出版行业智库建设的指导意见》等国家相关政策相继出台，加强智库建设已上升至国家战略层面。作为新闻出版行业智库之一的学术期刊智库迎来了新的发展机遇。学术期刊成为新时代的智库之一，承担着学术成果发布与学术研究创新的双重责任，转型具有急需性与必然性。

（一）急需性

首先，我国学术期刊的发展存在经营理念相对落后、运行模式与机制相对单一的问题，在盈利与经营理念上也急需进行新的探索。一方面，学术期刊具有很强的专业性，受众面较窄；另一方面，智媒体下学术期刊的纸媒传播进一步受限，期刊纸质版面的广告费和发行订阅收入受到影响。

其次，学术期刊面临着对人才吸引力不足与人才频繁流失的问题。就高校学术期刊而言，一方面，岗位门槛设置较高——对学历、学位、个人学术背景、年龄等方面有诸多设限；另一方面，大部分高校学术期刊部门都属于校内编制，往往人手比较少，又属于科研教辅岗位，工作量大且成就感偏低。这就导致一些高学历背景的编辑认为这仅是一个"为人做嫁衣"的工作，职业认同感偏低。从薪酬角度讲，高校学术期刊岗位虽为专业技能性质但收入普遍低于任课教师。这些都导致了学术期刊岗位吸引力不足

---

① Norman Cousins. 美国之大学出版事业 [J]. 天下事，1940（8）：27.

的问题。现阶段，学术期刊的发展路径亟待改变以适应社会与市场的发展。

（二）必然性

学术期刊具有学术性、严谨性、专业性、科学性、权威性与前沿性等，既可以作为智库成果的发表平台与媒介，也具备大量的学术资源。学术期刊，尤其是高校学术期刊具有主办母体大学的科研优势；经过多年的办刊，积淀了大量的作者学术共同体、编委会专家与出版同行资源。学术期刊可以通过选题策划、设置焦点议题等方式探索新的模式，实现智媒体时代向智库转型的尝试，提升自身在媒体变革中的适应能力与影响力。

二、学术期刊智库化转型面临的问题

当前，我国学术期刊虽然已经进行了一系列智库化转型的探索，起到了促进学术繁荣、引领科技前沿发展的作用。比如，《教育研究》（由以教育智库之称的中国教育科学研究院主办）、《中国科学院院刊》（由入选首批 25 家国家高端智库建设试点单位的中国科学院主办）等期刊，这些期刊都开设有专题研究专栏，以对相关领域发表具有指导意义的理论性文章，凭借自身的顶端科研影响力，服务相关行业与政府部门以解决实际问题，很好地实现了学术期刊的智库作用。然而，就当前整个学术期刊行业而言，还不能很好地为党和政府及相关社会组织提供决策支持，不能完全适应国家治理体系和治理能力现代化的需要 [①]。学术期刊与智库建设存在协同关系，能为引领我国哲学社会科学在内的科学发展提供路径与智慧，以给理论创造、学术繁荣提供强大的动力和广阔空间，争取国际学术共同体中的话语权，体现国家的科技竞争力和文化软实力。

（一）办刊理念上，从服务学术到服务生产，问题导向性不强

学术期刊始终以引领科学研究方向为目标，承担记载、评价、引领、传播的作用，尤其是高校学术期刊，要传承母体大学精神，追求"学术独立"与"学术自由"是办刊人的精神追求，服务高校学术与学者始终是重要的办刊理念。就大学的发展历程来看，随着大学使命与作用的不断变化，

---

① 林志华. 我国图书馆智库建设服务研究综述 [J]. 图书馆工作与研究，2017（6）：46–51.

服务社会的功能逐渐显现，从大学最初的仅以传授知识为追求，到后来增加了社会服务职能，无不显示社会变革对教育、对学术的影响。

随着时代的变化，学术期刊若仍仅以知识生产与传播为己任，脱离了社会服务的职能，久而久之将成为"无源之水，无本之木"，在现有评刊指标体系下难以维系。当前学术期刊的服务领域普遍较窄，受众对象为本专业相关人员，一些学术期刊刊载的学术成果，关注者寥寥；仅服务于自己所在行业，未着眼并处理现实问题，没有提升对现实问题的关注度与解决处理问题的能力，使学术成果的应用价值与实用性有限。一些学术期刊片面要求数学建模分析、案例求证、文献回顾的格式化与标准化，扼杀了学术研究对学术自由与学术个性的追求，使文章的可读性不强，实用价值欠佳；对学术争论热点与难点问题的回避，使编辑部对论文的选取具有明显的倾向性，也使一些有实用意义与创新价值的学术成果难以发表与传播。真正的学术需要为人类现实需求提供有价值的理论指导与参考，而非仅仅囿于象牙塔内。

（二）协同内容上，创新性有限，展示形式单一，忽视智库的科研能力

就我国现代智库研究发展的现状来看，从 20 世纪 90 年代至今，历经二十余年的发展，已充分了解到全球智库的形态与表象。但是就智库的实践来看，仍然处于"智库形式"阶段。表面上的欣欣向荣与数量众多，与实际建设情况仍存在矛盾。一方面，一批智库善于传播思想，通过思想影响公共政策进而推进社会的进步；另一方面，概念过于泛化，一般认为智库是以政策与战略研究为己任，不以营利为目的的研究机构、咨询公司不等同于智库。

当前，智库按性质主要可分为三大类：官方智库、大学智库和民间智库。官方智库一般以紧迫性政策研究为主，具有信息获取的先天优势；大学智库相对独立，研究人员多着眼于长期跟踪研究与战略研究，身兼教学与科研双重任务；民间智库扮演着沟通政府与民众舆论的重要角色。以我国大学智库为例，2018 年中国智库索引（China Think Tank Index，CTTI）发布的高校智库 100 强榜显示，在参加测评的 441 家高校智库中，北京大学、清华大学、中国人民大学、浙江大学、北京师范大学、武汉大学、四川大学、中南大学、吉林大学等多所高校智库入围100强，这与高校国内总体排名与响应国家需求程度呈正相关，如表9-1所示。

表9-1 CTTI高校智库A+级榜单（按音序排列）

序号	等级	智库名称
1	A+	北京大学国家发展研究院
2	A+	北京大学国家治理研究院
3	A+	北京师范大学中国教育与社会发展研究院
4	A+	北京外国语大学国际中国文化研究院
5	A+	复旦大学美国研究中心
6	A+	复旦大学中国经济研究中心
7	A+	复旦大学中国研究院
8	A+	河北工业大学京津冀发展研究中心
9	A+	湖南师范大学道德文化研究院
10	A+	华东师范大学周边合作与发展协同创新中心
11	A+	华中师范大学中国农村研究院
12	A+	江南大学食品安全风险治理研究院
13	A+	南京大学长江产业经济研究院
14	A+	南京师范大学中国法治现代化研究院
15	A+	清华大学国情研究院
16	A+	四川大学南亚研究所
17	A+	武汉大学国际法研究所
18	A+	厦门大学高等教育发展研究中心
19	A+	浙江大学中国西部发展研究院
20	A+	浙江师范大学非洲研究院
21	A+	中国人民大学国家发展与战略研究院
22	A+	中国人民大学重阳金融研究院
23	A+	中南财经政法大学城乡社区社会管理湖北省协同创新中心
24	A+	中南财经政法大学知识产权研究中心
25	A+	中山大学粤港澳发展研究院

1.创新性有限

当前，学术期刊智库性质一般类似于大学智库，研究成果看似丰富却大同小异，未体现出创新性与前沿性，往往是人有我有，定位不够准确，特色不够鲜明；未实现对社会主义建设的支持作用，也没能充分体现出学术期刊的办刊特色与栏目特色；对期刊学术共同体的资源挖掘不够，未充分彰显学术期刊智库与其他智库的不同之处，仍处于最基本的运作范式与逻辑之中。

2.展示形式单一

学术期刊智库成果的展现形式往往比较单一，传播效果有限，依据自身的办刊层次与水平，对学术成果进行筛选与展示，线上线下渠道未充分打通。在智媒体时代，不采取多路径媒体融合的形式推送很难引起相关领域的大范围关注与认同。仅仅依靠自己的期刊平台对咨询成果、规划设计、调研数据、专题研究等成果，以单一的形式展现难以满足社会快速发展的需求。

三、学术期刊智库化转型的路径

学术期刊面对新时期发展的困境，实现自身的价值并解决运行周期长、受众范围过窄问题，是当前学术期刊尤其是大多数社科类期刊基于现实的选择，具体可以从以下几方面进行路径创新。

（一）转变办刊理念

1.由出版机构向科研机构转变

学术期刊若仅被定义为同出版社一样的出版机构，就会限制其智库化转型。智库是科研成果的生产者，学术期刊是科研成果的发布者。学术期刊要实现智库化转型就需要由出版机构转变为科研机构，主动利用自身的行业优势，承接相关部委、企业的项目、课题并搭建研究平台，实现与业内专家的深度合作，构建作者库、专家库、项目库等以推进科学技术的成果化、产业化，全面参与到哲学社会科学在内的成果研发与实证建设决策、策略中来。

2.坚持问题导向

新型智库需要形成特色鲜明、贴近实际的决策咨询研究成果，从某个角度讲，学术期刊的智库建设必须坚持以问题为导向，实现事半功倍。问题导向使学术期刊更关注理论发展，发现问题并解决问题；对社会中的现实问题展开有针对性的理论与学术研究，进而提出政策性、指导性、方向性的意见与建议；充分发挥专家队伍的智力优势，提升学术期刊的影响力、公信力与竞争力，刊发最新的研究成果也有助于智库相关学科的体系建设。

3.服务社会需求

学术期刊建设与智库建设具有本质目的上的一致性，要具备前瞻意识、发展意识与服务意识。积极走出去，即了解社会的最新需求；请进来，即主动邀请相关科研领域的专家投身于智库建设中来。学术期刊可以通过大数据手段，分析读者的阅读习惯与政府决策需求，包括感兴趣内容、市场变化的实际情况等。学术期刊只有树立了社会服务的意识，才能主动去调研社会需求，真正发挥学术期刊的智库作用。智库为学术期刊学术成果的转化提供了新的平台，为知识服务与增值服务拓展了空间。高校学术期刊背靠本校学术共同体与辐射各地的编委、作者等资源，更要树立服务社会的意识，以多样化的智库形式为社会提供精准的知识服务与增值服务。

4.突出特色栏目优势

创办特色栏目是学术期刊取得局部竞争优势，集中利用学术资源以实现以点带面发展路径的有效手段。学术期刊若没有自己的特色，也就难以在当前评刊制度下于激烈的行业竞争中生存与发展，也难以获得学术共同体的认同与支持，品牌建设、社会效益、经济效益更无从谈起。学术期刊要实现智库化转型，首先要明确自身的资源优势，比如，高校学术期刊就要明确主办高校的优势学科与特色学科，除此以外，高校及周边地区的文化资源、行业资源、地域资源、学科专业资源等都可以作为有特色且不能被轻易替代的资源优势，要找准方向以实现突破。

同时，特色栏目还涉及理论发展脉络把握与相关政策的解读，衡量特色栏目的质量，其功能定位与学术影响力至关重要。第一，要有效地服务经济社会发展，对最新的行业理论发展脉络、政策文件等进行解读；第二，通过约稿等形式邀请业内权威专家对栏目的学术前沿性予以支持并协助栏目的宣传，及时跟踪国家重大基金项目的选题；第三，通过合作办刊的形式，与同行竞争又竞合，实现学术资源的共享，或强强联合或优势互补。智媒体时代，学术期刊对智库成果通过第三方学术平台、论坛会议、建立行业数据库、提交政策制定部门以及融媒体的方式予以传播；第四，由于在现有评刊制度下，学术期刊上所刊载的学术成果很难直接且全面地与智库对接，这就要求对特色栏目再开发，一方面优选重要文章以实现智库功能，另一方面对已发表文章进行整合，以数据库或书籍的形式预测行业发展趋势，实现智库功能进而推动经济的发展。

（二）转变编辑工作内容

学术期刊的办刊理念实现转变后，智库化转型的大部分工作就需要由编辑来承担，这就需要编辑由单一型专职编辑向多元型专家转型，一方面不仅具备编辑行业的基本业务能力，另外一方面也要成为专家团队的打造者，通过学术期刊这一平台组建涵括海内外专家学者的团队，打造专家委员会等并定期开展活动进行常态化的制度建设，就领域内前沿与热点问题交流与探讨，以策划的形式增强期刊就某一议题的话语权与影响力，引起学界关注并形成互动。编辑队伍要随着学术期刊的智库化转型，而朝着多元化方向发展。学术期刊针对大数据的广泛应用，聘用、培养一批懂得数据挖掘的人才；针对新媒体的发展环境，组建一支专门的新媒体编辑人才队伍，创新学术信息的传播方式；打造多元化的专家队伍，以满足学术期刊智库化转型的现实需求。

（三）以秦皇岛学术期刊智库化转型为例

学术期刊是科研成果的重要展示平台之一，由于具有公开与定期发行的特点，对整个学术圈的科学研究起到引领与辐射作用，相对于普通学术著作，时效性更快、影响力更大、辐射面更广。就发展现状而言，秦皇岛学术期刊与出版社主要由高校主办。秦皇岛应探寻如何利用地缘优势，对本地高校主办学术期刊——最新研究成果的平台，加以利用的路径使其与本地科研成果相结合，充分宣传最新的研究成果；同时，也为秦皇岛科研工作者产出与量化科研工作提供依据，以提升科研工作者的积极性，使秦皇岛科技人员的创新力与高校学术期刊实现良性互动。

当前，秦皇岛学术期刊及出版行业的主办单位主要为高校，这也凸显了高校对科技与知识的集聚作用。秦皇岛市内普通高等院校包括省属高校、市属院校，也包括一些外地学校在秦皇岛本地设置的分校。调研显示，秦皇岛共有高校14所，其中本科院校8所，专科院校5所，成人教育院校1所；高校学术期刊6种，大学出版社1所。目前，秦皇岛市内有燕山大学主办学术期刊3种（一种入选北大核心目录），出版社1所；河北科技师范学院主办学术期刊2种；河北环境工程学院主办1种。秦皇岛高校学术期刊与出版行业发展情况与办学层次呈正相关，也具备国内学术期刊发展的普遍共性——"弱、小、散"的特点。

秦皇岛研发投资的领域主要集中在机械、节能和数据等产业，相对更注重短期回报，产学研合作层次也多集中于单一技术难题的解决。这些都是需要深入研究且创新性较强的领域，应调动企业合作的积极性，除材料、节能和机械领域外，在电子、农业、环保等领域也展开合作。秦皇岛要依托大学科技力量培育新的经济增长点，启动产学研合作专项基金，发挥学术期刊的学术平台作用，并实现学术期刊的智库化转型。（1）政府制定行之有效的跨区域协同管理机制，发挥主导、引领与推动作用，并对创新型城市建设提供资金、技术与信息的支持；加大对产学研合作中人才的组织与培养，秦皇岛高校学术期刊发行范围覆盖全国，是优质学术成果传播的媒介，建议出台相关政策以鼓励高校利用专家资源与作者资源，通过拟定选题或组建课题组等，解决企业生产实践中需要解决的科技攻关点与难点问题。比如，如何利用北戴河和山海关在历史与地理上的优势，打造休闲度假旅游业的拳头产品？（2）企业作为自主创新的主体，可以通过期刊媒介加深产学研联体合作，把握主动权以推动产业升级换代，创建自主品牌。（3）高校自身也要主动走出象牙塔，积极为主办学术期刊的智库化转型搭建平台，树立京津冀一体的大局观，既注重科技创新的推广又注重科研成果的转化，使研究"适销对路"、科研与市场相结合；通过学术期刊这一桥梁，与京津冀"双一流"高校进一步对接与合作，加快产学研合作的步伐[①]。

---

① 孙菊. 京津冀区域经济一体化背景下秦皇岛产学研合作问题研究 [J]. 科技视界，2014（14）：39，44.

第四节　学术期刊发展的路径创新
——以《教学研究》为例

智媒体时代，学术期刊的传播更为快速、精准、简单，使作者、读者与编辑三方紧密联系成为可能，也对传统的学术评价和期刊评价制度提出了挑战。高校学术期刊要保持自身的学术操守，创新办刊理念，以引领学科发展为使命。本节以《教学研究》近年借助智媒体实现快速发展的实践为例，以期为同行提供借鉴：第一，以追逐当下热点的高水平论文为突破口；第二，立体化打造编辑个人形象——编辑名片化与学术期刊去标签化的博弈；第三，彰显期刊身后学术共同体力量；第四，利用智媒体下微信公众号的传播优势，搭建新媒体联合阵营；第五，保护网络出版中学术成果的版权。

一、《教学研究》办刊情况

《教学研究》为省级学术期刊，由河北省教育厅主管，燕山大学主办，是教育部创新方法教学指导分委员会会刊和中国高等教育学会学习科学研究分会会刊。《教学研究》办刊存在一个问题，主办单位为理工类院校不设教育学专业，已有40余年办刊历史，却并没有在学界和出版界获得充分的关注。新时期编辑部充分利用智媒体优势，采取一系列措施探索期刊快速发展的路径并获得成功，仅用一年多时间获得更多学术共同体的关注与认可。

（一）官网浏览量与下载量

《教学研究》2019年10月和11月的官网浏览量高达100万/月，最高在线人数超过5 000人（图9-1），晚间10点也达到近3 000人同时在线。数据显示，7个月官网浏览量上升400万次，官网累计浏览量突破1 000万次（图9-2）。2019年第6期与2020年第1期，每期的文章下载量合计都超过了5万次。

（二）年影响因子与微信公众平台

期刊的稿源产生质的提升，作者层次迅速提高，2018年年影响因子上升近30%。期刊的吸引力与黏性增强，仅2020年第一期就刊载了教育部长江学者和青年长江学者的 2 篇高水平论文，多篇已刊载文章被 CSSCI 来源期刊公众号全文转载。微信公众号的关注人数在编辑部多举措并行后较 2 月翻了 4 倍，绝大部分所推送文章的阅读量都达到了 1 000 次以上。

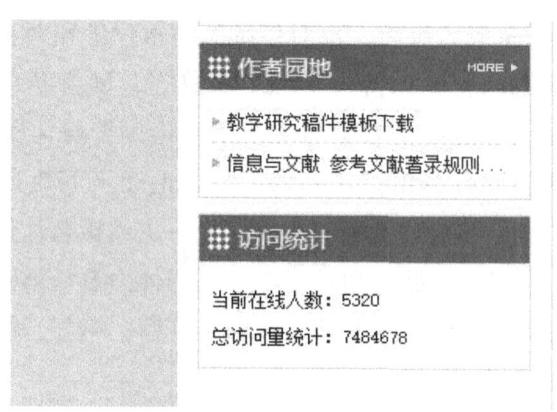

图 9-1　《教学研究》官网同时在线人数（高峰期）

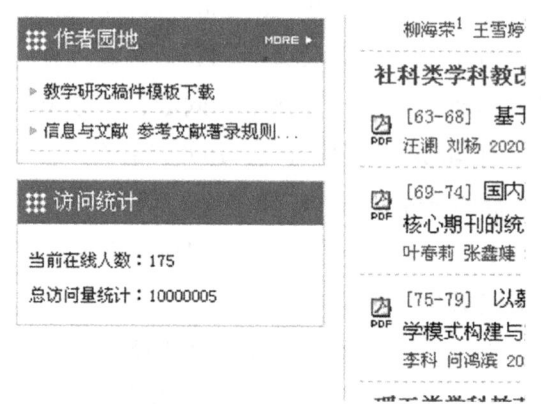

图 9-2　《教学研究》官网访问量突破 1 000 万次

二、《教学研究》的发展路径创新实践

（一）以追逐当下热点的高水平论文为突破口

智媒体时代，学术期刊的使命和作用不曾改变。办刊以质量为先，高水平作者是学术期刊的核心资源①。学术期刊的编辑，一方面要有甘于寂寞、

---

① 王运平. 论学术期刊编辑自我成长三大功力 [J]. 中国出版，2019（9）：36–38.

埋头苦干的精神，发挥工匠精神，打造精品；另一方面也要积极进行社会调查，具有对学科发展的敏锐性与前瞻性，准确把握研究的热点与难点，结合社会发生的重大事件选题。

2020年1月底，国内新冠肺炎疫情突发，《教学研究》迅速邀请专家撰写高水平笔谈《疫情之下对未来教育的思考》，结合疫情下的热点——新型线上教学模式，谈未来教育与传统教育的形态、内容和理念的不同特点，引起学界的关注。笔者联合其他平台对发文进行大幅推广，单篇阅读量达到6 000次以上（图9-3）。利用智媒体时代学术期刊"质量为王"，传播速度快速、准确、简单的特点，《教学研究》缩短出版周期，又持续用微信公众号推送多篇有长江学者参与的"学习科学与未来教育"笔谈，引领了学界研究热点，使发布的学术成果站在学科研究的前沿之上。一方面保证高水平的学术性与专业性，另一方面解决学界关注的热点、难点问题，通过智媒体的迅速传播在业内赢得口碑。

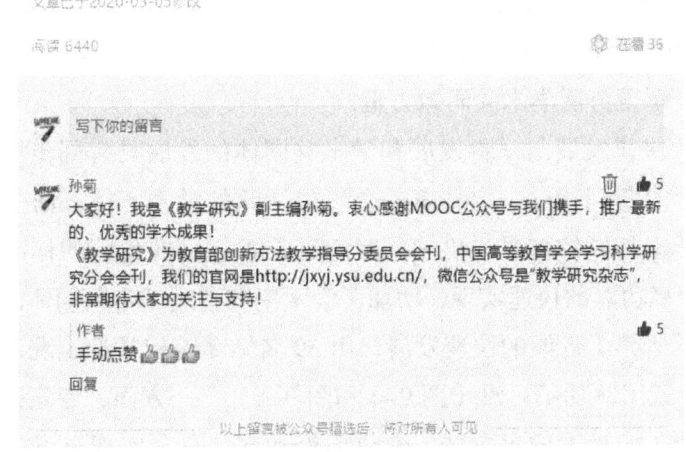

图9-3　合作宣传时阅读量为6 440次

（二）立体化打造编辑个人形象——编辑名片化与学术期刊标签化的博弈

在现有评刊制度下，期刊的"北核""C刊"等标签获得学界的广泛认同，这也是学术期刊评价功能的体现。对于有优势标签加持的学术期刊而言，标签是优势。而《教学研究》杂志为"双非"杂志——非北核、非 C 刊，在现有评价语境下呈现劣势，就更需要突出编辑个人的优质形象，为期刊替换掉劣势标签。编辑部探索了一条独辟蹊径，智媒体下对编辑个人形象立体化打造，以编辑名片化为学术期刊去标签化之路。

学术期刊编辑工作需"动""静"结合，"静"就要坐得住冷板凳，字斟句酌，遵守编辑规范与国家标准，这是对编辑工作的最基本要求，但很难引起同行和学界的迅速关注，见效相对慢；"动"就要使期刊扩大在学术界的影响力。编辑部注重编辑整体素质与技能的培养，鼓励编辑与编委、作者多路径互动，走出去参与承办、合作会议，加大对编辑个人的宣传力度，使其成为期刊的形象代言人。《教学研究》对优质编辑个人的约稿和学缘背景进行展示与推送，使其更快速获得学术共同体的认可。在与北京大学等高校合作学术会议时，结合智媒体手段用终端推送会议直播（会后也有录播回放），编辑参与会议主持与互动，不仅使现场参会人员能够感受到编辑队伍的风貌，也使更多学者可以通过网络对编辑素质有所认知。从而打造优质的编辑名片，使期刊获得越来越多学术共同体的认可与支持。

（三）彰显身后学术共同体力量

期刊的快速发展与学科发展和学术共同体的发展具有同步性。一个有生命力的学术期刊背后一定站着一个思想活跃的学术团体。而一个学术期刊能否为学术共同体接受，仍然是判定其是否有存在价值的标准。智媒体下阅读和分享功能的快速实现，增加了学术期刊背后学术共同体的影响力。

《教学研究》近期的快速发展，由 59 名知名院校学部、院系学科带头人构成的专家团队功不可没（图 9-4 和图 9-5）。一方面，专家团队为期刊发展提供持久的学术成果支持、学科前沿动态信息、实现会议信息共享并合作策划选题等，实现了智媒体下学术期刊的智库功能；另一方面，专家团队通过分享、点赞、转发、同步阅读等多样化的推荐模式为期刊的业内宣传助力。除此之外，《教学研究》在一个月多途径网络推送了笔者两篇长江学者、一篇青年长江学者的约稿，也向读者与学者彰显了身后学术共同体的力量，展示了期刊的业内认可度。

教学研究
Jiaoxue Yanjiu

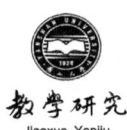

编辑委员会

主　任：赵永生

副主任：刘　嘉　张应强　冯　林　陈国强

委　员（以姓氏笔画为序）：

于泽元（西南大学）　于黎明（北京航空航天大学）
王牧华（西南大学）　王建华（南京师范大学）
文　雯（清华大学）　方　睿（成都信息工程大学）
龙宝新（陕西师范大学）　卢辉斌（燕山大学）
申天恩（美国康涅狄格大学）　田友谊（华中师范大学）
田建荣（陕西师范大学）　史艳国（燕山大学）
冯永刚（山东师范大学）　冯　林（大连理工大学）
边玉芳（北京师范大学）　吕林海（南京大学）
刘　嘉（北京师范大学）　江丰光（上海师范大学）
孙　菊（燕山大学）　杜修平（天津大学）
李仕华（燕山大学）　李　芒（北京师范大学）
李如密（南京师范大学）　李　艳（浙江大学）
肖　念（北京工业大学）　余秀兰（南京大学）
张应强（华中科技大学）　张茂聪（山东师范大学）
张宝辉（陕西师范大学）　张家军（西南大学）

图 9–4　《教学研究》第十届编委会名单（一）

教学研究
Jiaoxue Yanjiu

陆根书（西安交通大学）　陈红兵（东北大学）
陈国强（燕山大学）　陈学军（南京师范大学）
邵光华（宁波大学）　林金辉（厦门大学）
尚俊杰（北京大学）　罗生全（西南大学）
罗祖兵（华中师范大学）　金海龙（燕山大学）
周　彬（华东师范大学）　周　霖（东北师范大学）
屈林岩（长沙学院）　赵永生（燕山大学）
赵婷婷（北京航空航天大学）　胡春海（燕山大学）
胡保利（河北大学）　侯培国（燕山大学）
徐涌金（中国计量大学）　殷艳树（燕山大学）
高国华（北京工业大学）　郭建鹏（厦门大学）
黄　伟（南京师范大学）　黄嘉莉（台湾师范大学）
韩映雄（华东师范大学）　鲍　威（北京大学）
蔡辰梅（广州大学）　漆汉宏（燕山大学）
操太圣（南京大学）

主　编：胡春海

副主编：殷艳树　孙　菊　王牧华　吕林海　韩映雄

图 9–5　《教学研究》第十届编委会名单（二）

（四）利用传播优势，搭建新媒体联合阵营

"两微一端"中的音、图、像等功能，使学术期刊实现内容的碎片化和阅读的趣味性。学术期刊可利用已有深度介入到生活之中的阅读方式，比如微信公众平台的推送。目前，国内微信的使用时间已经大大超越了其他功能性终端，"看一看"模块也是智慧媒体与即时通信推进在线阅读的一种尝试，"在看"也成为阅读分享的优选路径。

新冠肺炎疫情期间，《教学研究》使用微信公众平台连续推荐优质论文，并配有主播录制的朗诵音频，受到读者的好评。同时，笔者联系学术成果展示平台公众号与其他学术期刊公众号，实现多个新媒体合作共赢、合作共享，一方面有助于传播最新的学术成果，实现资源共享；另一方面也有助于提升期刊自身在学术群体中的影响力。在联合阵营搭建的过程中，期刊也注重对合作方的学术影响力、关注度、信用度、业内口碑的全面考察与调研，《教学研究》选取了 20 万关注人数且重度垂直的学术成果推送平台 MOOC 公众号（图 9-6）、CSSCI 来源期刊公众号等。

（五）对期刊和作者版权的保护

智媒体下学术期刊以内容为王道，对学者与读者群体的高度重视是重中之重，版权意识乃生存之本。学术期刊的数字出版有了更多的公益性特征，但论文的信息网络传播权归作者所有，论文的汇编权和版式权归学术期刊。智媒体下，学术成果传播速度大幅加快，大数据、AI 等使各个平台对优质学术资源（学者资源、学术成果等）的关注、跟踪与获取更为便捷，平台间就学术资源的竞争也更加激烈。个别平台对期刊高关注度文章未授权便转发、转载，甚至对文中信息随意删改，侵犯了作者和学术期刊的权益。

《教学研究》对网络侵权行为进行专项的搜集与治理，就不同问题予以不同处理方式。就未被授权转发但内容无错误的账号主体，予以单独通知：在标明出处的前提下可以转载，以保护作者和期刊的权益；就内容出现错误，未经允许随意修改文章内容的账号主体，要求其撤下相关内容。以编辑部为单位对侵权主体的维权工作需投入人力、物力，工作量较大且势单力薄，笔者与合作平台携手主动维权、抱团维权，避免了学术期刊单打独斗、"弱、

小、散"力度缺乏的问题，保护版权的同时维护了作者与期刊的学术声誉。

学习者本位的未来学习场域形态及其建构

MOOC 5月4日

以下文章来源于教学研究杂志，作者罗生全，胡　月

教学研究杂志
推广《教学研究》期刊，传播教育教…

| 全文共9374字 |

本文由《教学研究》授权发布
作者单位：西南大学教育学部
作者：罗生全 胡月

图 9-6　《教学研究》合作 MOOC 公众平台截图

三、小结

　　《教学研究》的发展之路，其实就是大学精神视域下高校学术期刊发展路径创新的成功案例。《教学研究》的主办单位为河北省的燕山大学，燕山大学源于哈尔滨工业大学重型机械系及相关专业，后经历北校南迁来到并无明显地缘优势的秦皇岛市，就如同《教学研究》校内没有教育学学科支撑而在努力办好教育类综合性学术期刊，二者具有一定的共性。燕山大学以"厚德、博学、求是"为校训，代代燕大人身上体现着"艰苦奋斗""严谨治学""求实创新"的大学精神，在多次大学排名中稳居河北省内第一位。

2020 年，河北省印发《关于支持燕山大学加快"双一流"建设实现内涵式高质量发展的意见》，全力支持燕山大学建成世界研究型大学。《教学研究》的办刊团队秉承着大学精神，开拓进取地为期刊探索了一条以智媒体为手段快速发展的创新之路，并获得了越来越多学术共同体的认可与支持，必将继续一路前行，"长风破浪会有时，直挂云帆济沧海"！

参考文献

一、中文文献

（一）中文著作

[1] 列宁 . 哲学笔记 [M]. 北京： 人民出版社， 1974.

[2] 亚当·斯密 . 国民财富的性质和原因的研究 [M]. 郭大力，王亚南，译 . 北京：商务印书馆，1981.

[3] 宋应离 . 中国大学学报简史 [M]. 郑州：中州古籍出版社，1988.

[4] 伯顿·克拉克 . 高等教育系统——学术组织的跨国研究 [M]. 王承绪，等译 . 杭州：杭州大学出版社，1994.

[5] 蔡元培 . 蔡元培文集：教育卷（上）[M]. 台北：台湾锦绣出版社，1995.

[6] 魏宏森，曾国屏 . 系统论——系统科学哲学 [M]. 北京： 清华大学出版社，1995.

[7] 李思孟 . 自然辩证法新编 [M]. 武汉：华中理工大学出版社，1997.

[8] 罗志田 . 权势转移：近代中国的思想、社会与学术 [M]. 武汉：湖北人民出版社， 1999.

[9] 刘献军 . 大学之思与大学之治 [M]. 武汉：华中理工大学出版社，2000.

[10] 许国志 . 系统科学 [M]. 上海： 科技教育出版社，2000.

[11] 陈向明 . 质的研究方法与社会科学研究 [M]. 北京：教育科学出版社，2000.

[12] 孟承宪 . 现代大学的思想和组织 [M]// 杨东平 . 大学精神 . 沈阳：辽海出

版社，2000.

[13] 约翰·亨利·纽曼.大学的理想 [M].徐辉，等译.杭州：浙江教育出版社，2001.

[14] 金耀基.大学之理念 [M].北京：生活·读书·新知三联书店，2001.

[15] 徐葆耕.紫色清华 [M].北京：民族出版社，2001.

[16] 奥尔特加·加塞特.大学的使命 [M].徐小洲，陈军，译.杭州：浙江教育出版社，2001.

[17] 卢美凤.高校学术期刊与重点学科建设的互动发展 [M]// 马应森.学报编辑论丛（第 10 集）.南昌：江西高校出版社，2002.

[18] 唐纳德·肯尼迪.学术责任 [M].阎凤桥，等译.北京：新华出版社，2002.

[19] 杨东平.大学精神 [M].上海：文汇出版社，2003.

[20] 韩延明.大学理念论纲 [M].北京：人民教育出版社，2003.

[21] P 布尔迪厄.国家精英——名牌大学与群体精神 [M].杨亚平，译.北京：商务印书馆，2004.

[22] 威廉布·罗德，尼古拉斯·韦德.背叛真理的人们——科学殿堂中的弄虚作假 [M].朱进宁，方玉珍，译.上海：上海科技教育出版社，2004.

[23] 苗东升.系统科学精要 [M].北京：中国人民大学出版社，2006.

[24] 尤·克·巴班斯基.教学过程最优化——一般教学论方面 [M].张定璋，译.北京：人民教育出版社，2007.

[25] 莫雷.教育心理学 [M].北京：教育科学出版社，2007.

[26] 龚维忠.现代期刊编辑学 [M].北京：北京大学出版社，2007.

[27] 王孙禺.高等教育组织与管理 [M].北京：高等教育出版社，2008.

[28] 克拉克·科尔.大学之用 [M].高铦，高戈，汐汐，译.北京：北京大学出版社，2008.

[29] 陈峰，李雪莲.提高学术期刊审稿速度的措施 [M]// 赵惠祥.学报编辑论丛.上海：上海交通大学出版社，2008.

[30] 林齐模.北大讲座（第十七辑)[M].北京：北京大学出版社，2008.

[31] 杨德广，谢安邦．高等教育学 [M]．北京：高等教育出版社，2009．

[32] 教育部学风建设委员会．高校人文社会科学学术规范指南 [M]．北京：高等教育出版社，2009．

[33] 吴麟．常识与洞见——胡适言论自由思想研究 [M]．北京：中国传媒大学出版社，2010．

[34] 范国睿．共生与和谐——生态学视野下的学校发展 [M]．北京：教育科学出版社，2011．

[35] 何云峰．中国高等学校应尽快实现从外延扩展到内涵发展的基本转变 [M]// 何云峰，盛春，理论经纬．合肥：黄山书社，2012．

[36] 弗雷德里克·马特尔．论美国的文化在本土与全球之间双向运行的文化体制 [M]．周莽，译．北京：商务印书馆，2013．

[37] 徐久刚．也谈学报特性 [M]// 韩顺友．高校学报与学术期刊研究．开封：河南大学出版社，2014．

[38] 格罗斯．编辑人的世界 [M]．齐若兰，译．北京：新星出版社，2014．

[39] 希拉·斯劳特，拉里·莱斯利．学术资本主义 [M]．梁骁，黎丽，译．北京：北京大学出版社，2014．

[40] 韩顺友．高校学报与学术期刊研究 [M]．开封：河南大学出版社，2014．

[41] 雅罗斯拉夫·帕利坎．大学理念重审——与纽曼对话 [M]．杨德友，译．北京：北京大学出版社，2014．

[42] 国家新闻出版广电总局出版专业资格考试办公室．出版专业实务 [M]．北京：商务印书馆，2015．

[43] 国家新闻出版广电总局出版专业资格考试办公室．出版专业基础 [M]．北京：商务印书馆，2015．

[44] 赵均．中文人文社会科学学术期刊评价体系研究 [M]．北京：中国传媒大学，2016．

[45] 赵丽华．大学精神与大学出版——民国中央大学"学人办刊" [M]．北京：中国传媒大学出版社，2016．

[46] 蒲实，陈赛．大学的精神 [M]．北京：中信出版社，2017．

[47] 中国科学技术协会 . 中国科技期刊发展蓝皮书（2018）：科技期刊融合出版专题 [M]. 北京：科学出版社，2018.

[48] 北京万方数据股份有限公司 .2018 年版中国科技期刊引证报告（扩刊版）[M]. 北京： 科学技术文献出版社，2018.

（二）中文期刊论文

[1] 张佛泉 . 从立宪谈到社会改造 [J]. 独立评论，1934（101）：5.

[2]Norman Cousins. 美国之大学出版事业 [J]. 天下事，1940（8）：27.

[3] 威廉·冯·洪堡 . 论柏林高等学术机构的内部和外部组织 [J]. 陈洪捷，译 . 高等教育论坛，1987（1）：93.

[4] 王冀生 . 试论现代大学的教育理念 [J]. 中国高等教育，1994（4）：7-9.

[5] 邬大光，施小光 . 高等教育的历史责任——克拉克·科尔《高等教育无法逃避历史责任》述评 [J]. 高等教育研究，1996（1）：88-93.

[6] 洪德铭 . 西南联大的精神和办学特色 (下)[J]. 高等教育研究，1997（2）：9-16.

[7] 谢群跃，舒干，吴智勇 . 试论科技期刊稿件的外审 [J]. 江汉石油学院学报，1997，19（3）：134-136.

[8] 眭依凡 . 大学使命：大学的定位理念及实践意义 [J]. 教育发展研究，2000（9）：18-22.

[9] 刘宝存 . 何为大学精神 [J]. 高教探索，2001（3）：13-15.

[10] 徐继存，殷兆兵，陈琼 . 论课程资源及其开发与利用 [J]. 学科教育,2002（2）：1-5, 26.

[11] 刘光元，许雪梅 . 超前思维的基本特征及对主编思维超前性的评价 [J]. 编辑学报，2002，14（5）：315-317.

[12] 谭亚莉 . 对构建高校现代学生评价体系现状的分析 [J]. 财经科学，2002（增刊）：249-251.

[13] 冷余生 . 大学精神的困惑 [J]. 高等教育研究，2003（1）：1-5.

[14] 张楚廷 . 大学与课程 [J]. 高等教育研究，2003（2）：73-77.

[15] 王志刚 . 大学精神是高校办学特色的灵魂 [J]. 中国高教研究，2003（7）：

13–16.

[16] 彭世勇 . 我国人文学术研究的现状、问题与思考 [J]. 现代大学教育，2004（1）：22–26.

[17] 杨亮 . 基于网络教学的学生评价体系的构建 [J]. 沈阳师范大学学报（自然科学版），2004，2（1）：36–38.

[18] 蔡元培 . 蔡元培先生《北京大学月刊》发刊词（1918 年）[J]. 北京大学学报（哲学社会科学版），2005，42（1）：160.

[19] 邢森 . 现代学术期刊编辑应具备的素质 [J]. 中国工商管理研究，2005（5）：74–76.

[20] 郑英隆 . 学术期刊的社会价值与作用 [J]. 江西社会科学，2005（6）：226–232.

[21] 曹魏，贺圣遂 . 坚守使命 继薪传火——访复旦大学出版社社长贺圣遂 [J]. 大学出版，2006（2）：10.

[22] 韩萍，张瑛，朱玉芹，等 . 科技期刊主编择稿与终审的知识构成 [J]. 编辑学报，2006，18（2）：153–154.

[23] 马春，孟伟庆，李洪远 . 论"生态"一词的使用 [J]. 四川环境，2006（4）：54–58.

[24] 黄松 . 论学术期刊自律与防止学术腐败 [J]. 编辑学报，2007，19（3）：167–169.

[25] 张心向 . 高校学术越轨行为的类型、原因及其治理 [J]. 天津市政法管理干部学院学报，2007（4）：66–71.

[26] 方卿 . 中国学术期刊同行评审的实践与研究 [J]. 图书情报知识，2007（6）：89–92.

[27] 汤亚玲，梁新华，王晴 . 汶川大地震中的《华西口腔医学杂志》[J]. 编辑学报，2008，20（5）：377–378.

[28] 胡军 . 北大精神与大学精神 [J]. 文化学刊，2008（5）：131–136.

[29] 游苏宁，石朝云 . 应重视科技学术期刊的社会责任 [J]. 编辑学报，2008，20（6）：471–474.

[30] 王文帅，霍平丽.西南联大的办学精神及其启示 [J].高校教育管理，
    2009（1）：44–47.

[31] 刘道玉.论大学本科课程体系的改革 [J].高教探索，2009（1）：5–9.

[32] 王高翔，李江涛，孙陆青，等.国际出版公司数字化策略及对我国科技
    期刊的启示 [J].编辑学报，2009，21（2）：14–16.

[33] 李有亮.大学精神的缺失与重建 [J].现代大学教育，2009（5）：1–6.

[34] 叶继元.学术期刊质量评价与核心期刊评价之异同 [J].图书情报工作，
    2009（18）：5–7，16.

[35] 程光泉.哲学视野下的大学理念、大学精神、大学文化 [J].北京师范大
    学学报（社会科学版），2010（1）：121–126.

[36] 张建国.大学精神视角下的校园文化建设 [J].教育研究，2010（3）：
    104–108.

[37] 许纪霖.“少数人的责任”：近代中国知识分子的士大夫意识 [J].近代史
    研究，2010（3）：73–90，3.

[38] 王华生.权力场域的强势存在：学术腐败的深层制度诱因 [J].河南大学
    学报（社会科学版），2010（5）：25–29.

[39] 程郁缀，刘曙光.论文质量、期刊质量与期刊影响力 [J].陕西师范大学
    学报（哲学社会科学版），2010，39（5）：64–69.

[40] 徐雨晴，苗秋菊.如何缩短科技期刊的论文发表周期——以《气候变化
    研究进展》为例 [J].中国科技期刊研究，2010，21（5）：675–677.

[41] 陶范.审稿专家的责任和权利 [J].编辑学报，2010，22（6）：475–477.

[42] 龚璇.如切如磋，如琢如磨——专业学术期刊在市场竞争中的定位与发
    展探析 [J].中国出版，2010（19）：56–59.

[43] 朱剑.学术风气、学术评价与学术期刊 [J].苏州大学学报（哲学社会科
    学版），2011（2）：7–13.

[44] 王光荣，王端.我国高校学术生态系统透视 [J].教育文化论坛，2011（3）：
    20–23.

[45] 戎华刚.论中国学术职业伦理规范的失范 [J].国家教育行政学院学报，

2011（3）：37–40.

[46] 刘刚.科技期刊缩短论文发表周期的几点措施 [J]. 黄冈师范学院学报，2011，31（3）：8–9.

[47] 刘宇.科技期刊稿件外审应注意的若干问题 [J]. 出版科学，2011，19（3）：30–33.

[48] 王光荣，王端.我国高校学术生态系统的透视 [J]. 教育文化论坛，2011（3）：20–23.

[49] 接雅俐，郭立锦.学报编辑培养策略研究——明确职业定位，提升专业发展 [J]. 中国科技期刊研究，2011，22（6）：956–958.

[50] 赖茂生.学术期刊的功能和使命——贺《图书情报工作》创刊 55 周年 [J]. 图书情报工作，2011（15）：15–19.

[51] 王华菊，金丹，陈竹.科技期刊的数字化出版现状及问题探讨 [J]. 编辑学报，2011（S1）：9–11.

[52] 刘辉，赵文义.学术期刊的社会责任 [J]. 长安大学学报，2012，14（3）：113–115.

[53] 巢乃鹏，胡菲.学术期刊的同行评议：基于审稿专家和作者的比较研究 [J]. 中国科技期刊研究，2012，25（3）：274–276.

[54] 林培锦.西方学术共同体的形成及其与同行评议的关系 [J]. 福建师范大学学报（哲学社会科学版），2012（5）：162–166.

[55] 冯君莲.大学学术生态的困境与出路 [J]. 大学教育科学，2012（6）：101–106.

[56] 赵保全，罗承选.论大学权利的知识特质和伦理意蕴 [J]. 理论导刊，2012（9）：53–57.

[57] 孙菊.以提升软实力为主促进河北省高等教育内涵式发展 [J]. 教学研究，2013（1）：16–19，123.

[58] 周爱民.几种布拉德福分散曲线拟合模型的实证比较 [J]. 情报杂志，2013（1）：59–62.

[59] 吴爱华，王晴，杜冰，等.科技期刊应重视对审稿专家的知识回报 [J].

编辑学报，2013，25（2）： 164-166.

[60] 熊庆年，吴云香.大学章程中师生权利的规定性 [J].复旦教育论坛，2013（2）：9-12，36.

[61] 叶继元.学术期刊的质量与创新评价 [J].浙江大学学报（人文社会科学版），2013，43（2）：108-117.

[62] 李小军.论学术共同体视域下的高校学术腐败治理路径 [J].研究生教育研究，2013（3）：31-36.

[63] 葛晨虹.学术共同体的理论责任和价值自觉 [J].中国高教研究，2013（4）：21-25.

[64] 张向谊.应引导审稿人进行有效的同行评议 [J].编辑学报，2013，23（4）：597-600.

[65] 潘利梅，赵保全.文化视域下的大学精神与大学出版发展研究 [J].出版科学，2013（5）：42-46.

[66] 孟耀.学术期刊质量的评价方法与指标分析 [J].东北财经大学学报，2013（5）：90-93.

[67] 接雅俐，唐震，陈汐敏，等.科技期刊同行评议审稿流程改革与初步成效 [J].中国科技期刊研究，2013，24（5）：988-990.

[68] 司林波，乔花云.学术生态、学术民主与学术问责制 [J].现代教育管理，2013（6）：7-11.

[69] 钱澄.引文分析方法的本土化——以人文社会科学期刊评价为中心 [J].南京大学学报（哲学·人文科学·社会科学），2013（6）：149-153.

[70] 韩弘峰.高校学术腐败问题的法律向度分析 [J].前沿，2013（11）：79-80.

[71] 高雪莲，杨慧霞，付中秋，等.专业学术期刊与学科发展相辅相成 [J].编辑学报，2014（1）：71-73.

[72] 史静寰.现代大学制度建设需要"根"、"魂"及"骨架"[J].中国高教研究，2014（4）：1-6.

[73] 钟柏昌，张丽芳.美国STEM教育变革中"变革方程"的作用及其启示 [J].

中国电化教育，2014（4）：18–24，86.

[74] 司林波，孟卫东.近十年国内学者关于学术越轨问题的研究综述 [J].阅江学刊，2014（4）：60–67.

[75] 徐志英.科学文章同行评议研究进展 [J].中国科技期刊研究，2014，25（11）：1355–1359.

[76] 张琪，姜梅，王艳秀，等.缩短科技期刊论文发表周期的思考和探索——以《含能材料》为例 [J].中国科技期刊研究，2014，25（12）：1473–1476.

[77] 孙菊.京津冀区域经济一体化背景下秦皇岛产学研合作问题研究 [J].科技视界，2014（14）：39，44.

[78] 孙菊.高校教材选用面临问题及对策研究 [J].教学研究，2015（3）：58–61.

[79] 赵蓉英，凤娇，冯雪峰，等.2015—2016 世界一流大学科研竞争力评价与结果分析 [J].评价与管理，2015（3）：24–29.

[80] 余胜泉，胡翔.STEM 教育理念与跨学科整合模式 [J].开放教育研究，2015，21（4）：13–22.

[81] 钱筠，郑志民.中国科技核心期刊微信公众平台的应用现状及对策分析 [J].编辑学报，2015，27（4）：379–383.

[82] 杨侠，孙贺平，潘冰峰.缩短科技期刊论文发表周期的思考及实践——以《化学学报》为例 [J].中国科技期刊研究，2015，26（7）：683–686.

[83] 张银平.学术期刊在专业方面应该具有引领作用 [J].新闻研究导刊，2016（1）：159，120.

[84] 周黎明.专业学术期刊的特色与特办 [J].图书情报知识，2016（1）：2.

[85] 展立新.大学精神释义 [J].教育学术月刊，2016（1）：3–11.

[86] 黄锋，辛亮，黄雅意.高校学报微信公众平台的发展现状和运营策略研究 [J].中国科技期刊研究，2016，27（1）：79–84.

[87] 刘星星，崔金贵，盛杰，等.学术期刊微信公众平台运营中的优势转化及实践盲点 [J].中国科技期刊研究，2016，27（2）：207–211.

[88] 郭全中.智媒体的特点及其构建 [J].新闻与写作，2016（3）：59–62.

[89] 钟琳，高超民 . 科技期刊外审专家激励措施扎根研究 [J]. 中国科技期刊研究，2016（3）：278-282.

[90] 冯华 .STEM 教育视野下的综合课程建设 [J]. 中小学管理，2016（6）：14-16.

[91] 赵兴龙，许林 .STEM 教育的五大争议及回应 [J]. 中国电化教育，2016（10）：62-65.

[92] 尤红 . 媒体融合背景下期刊转型——以《未来科学家》的融媒实践为例 [J]. 传媒观察，2016（12）：27-28.

[93] 孙菊 . 政府规制下的网络消费环境构建 [J]. 商业经济研究，2016（12）：30-31.

[94] 乔花云，司林波，彭建交，等 . 京津冀生态环境协同治理模式研究——基于共生理论的视角 [J]. 生态经济，2017（6）：151-156.

[95] 林志华 . 我国图书馆智库建设服务研究综述 [J]. 图书馆工作与研究，2017（6）：46-51.

[96] 王素 .《2017 年中国 STEM 教育白皮书》解读 [J]. 现代教育，2017（7）：4-7.

[97] 刘俊 . 智媒时代学术期刊内容创业 [J]. 中国出版，2017（23）：9-14.

[98] 祝智庭，雷云鹤 .STEM 教育的国策分析与实践模式 [J]. 电化教育研究，2018（1）：75-85.

[99] 冷桥勋，李克明，张和平 . 大学出版社出版精神的失落与重塑 [J]. 合肥工业大学学报（社会科学版），2018（2）：109-112.

[100] 刘春荣，林丹华，乔志宏，等 . 第四课堂：面向国家急需，规划未来职业 [J]. 教学研究，2018（6）：1-6.

[101] 佟昕，赵博，韩倩茜 . 科技期刊数字化出版与新媒体融合发展对策探析 [J]. 视听，2018（7）：240-241.

[102] 陆国栋 . 治理"水课" 打造"金课" [J]. 中国大学教学，2018（9）：23-25.

[103] 吴岩 . 建设中国"金课" [J]. 中国大学教学，2018（12）：4-9.

[104] 李志义."水课"与"金课"之我见[J].中国大学教学，2018（12）：24-29.

[105] 杨婷，姜小鹰，曹作华.科技期刊媒体融合发展的实践与思考——以中华护理杂志社为例[J].中国科技期刊研究，2018，29（12）：1252-1256.

[106] 李鹏.打造智媒体 提升传播力[J].新闻战线，2018（13）：16-18.

[107] 岱青，杨永平.融媒体背景下传统科技期刊发展策略[J].内蒙古科技与经济，2018（22）：347.

[108] 汪汇源.新媒体时代下科技期刊发展现状及对策研究——以农业科技期刊为例[J].农业科研经济管理，2019（1）：40-44.

[109] 景勇，郭雨梅，钟媛，等.科技期刊融合发展的阶段、内涵与策略[J].编辑学报，2019，31（1）：17-20.

[110] 陈凯，夏晶，陈悦.《中国STEM教育白皮书》的文本挖掘[J].基础教育，2019（3）：25-38.

[111] 郎景坤，赵艳.近十年我国STEM教育研究的CiteSpace可视化分析[J].黑龙江生态工程职业学院学报，2019（3）：91-93，122.

[112] 马浚锋，罗志敏.什么是大学"金课"：学生如实说[J].江苏高教，2019（5）：60-66.

[113] 陈翔，韩响玲，王洋，等.课程教学质量评价体系重构与"金课"建设[J].大学教学，2019（5）：43-48.

[114] 邵光华，魏侨."水课"形成根源分析及遏制措施探索[J].宁波大学学报（教育科学版），2019，41（5）：87-92.

[115] 赵蒙成，范晓洁.STEM课程本土化：现状、困境与发展路径[J].教育与教学研究，2019，33（5）：11-22.

[116] 刘在洲，谢晨霞，刘香菊，等.大学科研育人现状、问题与对策——基于H省4所高校的调查[J].高等教育研究，2019（6）：79-85.

[117] 杨柳，罗生全.中国特色课程理论的文化学建构[J].中国教育科学（中英文），2019（6）：59-67.

[118] 王运平.论学术期刊编辑自我成长三大功力[J].中国出版，2019（9）：

36-38.

[119] 侯琰婕.融媒体时代科技期刊的运营策略——以《未来科学家》为例 [J].出版广角，2019（23）：52-54.

[120] 李俊，杜辉，杨红，等.媒体融合背景下关于科技期刊转型发展的思考 [J].编辑学报，2019（31）：157-159.

[121] 朱萌，胡来林，王艳茹，等.基于知识图谱的国内 2010—2018 年 STEM 教育研究热点及趋势分析 [J].中小学信息技术教育，2019（Z1）：59-62.

[122] 罗生全，胡月.学习者本位的未来学习场域形态及其建构 [J].教学研究，2020（1）：22-27.

[123] 陈洁.面向智媒时代的编辑出版学产学研共同体建设探究 [J].出版广角，2020（2）：17-20.

[124] 赵佳丽，罗生全，孙菊.教育大数据研究范式的内涵、特征及应用限度 [J].现代远程教育研究，2020（4）：57-64，85.

（三）中文报纸

[1] 沈爱民.创新型国家与学术原生态建设 [N].学习时报，2007-05-21（7）.

[2] 丰捷.西南联大：永存的精神力量 [N].光明日报，2007-10-29（3）.

[3] 周其凤.北大文化与北大精神 [N].光明日报，2012-12-10（5）.

[4] 吴尚之.努力推进一流学术期刊建设 [N].中国新闻出版广电报，2019-12-19（10）.

[5] 习近平在全国高校思想政治工作会议上强调：把思想政治工作贯穿教育教学全过程　开创我国高等教育事业发展新局面 [N].人民日报，2016-12-09（1）.

[6] 习近平在全国教育大会上强调：坚持中国特色社会主义教育发展道路，培养德智体美劳全面发展的社会主义建设者和接班人 [N].人民日报，2018-09-11（1）.

（四）学位论文

[1] 王恩华.学术越轨与大学学术管理 [D].武汉：华中科技大学，2004.

[2] 李小雪 . 民国时期国立中央大学学人论政研究——以《时代公论》为例（1932—1935）[D]. 南京：南京大学，2014.

[3] 栗明伟 . 高校学术生态危机与调谐——基于教育生态学视角 [D]. 保定：河北大学，2014.

二、英文文献

（一）英文著作

[1] Abraham Flexner. Universities：American English German [M].Oxford：Oxford University Press，1930.

[2] Mark van Doren.Liberal Education[M].Boston：Beacon Press，1959.

[3] Willam G. Bowen.Ever the Teacher[M]//Willam G. Bowen's Writings as President of Princeton. Princeton，N J：Princeton University Press，1987.

[4] Oscar Handlin. Epilogue–Continuities[M]//Derek Bok. Universities and the Future of America. Durham，N C：Duke University Press，1990.

[5] Ernest L Boyer. Scholarship Reconsidered：Priorities of the Professoriate [M]. Princeton，N J：Princeton University Press，1990.

[6] Arthur Levine. Higher learning in American，1980—2000[M].Baltimore：The John Hopkins University Press，1994.

[7] Bowker.Ulrich's Periodicals Directory 2006[M].NY：R.R. Bowker，2004.

（二）英文期刊论文

[1] Solomon D J. A Survey of Authors Publishing in Four Megajournals[J].Peer J，2014（2）：e365.

[2] Elisha B，Arik T.Experimental Analysis of Students' Course Selection[J]. British Journal of Educational Psychology，2010，73（3）：373–393.

三、网站资源

[1] 中华人民共和国教育部 . 教育部办公厅关于印发《高等学校学报管理办法》的通知 [EB/OL]. （1998–04–01）[2020–04–20].http://old.moe.gov.cn//

publicfiles/business/htmlfiles/moe/moe_771/200407/1049.html.

[2] 习近平. 习近平：坚定不移创新创新再创新 加快创新型国家建设步伐 [EB/OL].（2014-06-19）[2020-04-20]. http://news.xinhuanet.com/politics/2014-06/09/c_1111056325.html.

[3] 习近平. 关于推动传统媒体和新兴媒体融合发展的指导意见 [EB/OL].（2014-08-18）[2019-05-06].http://media.people.com.cn/n/2014/0818/c120837-25489622.html.

[4] 中华人民共和国教育部. 教育部国家新闻出版广电总局关于进一步加强和改进高校出版工作的意见 [EB/OL].（2015-02-19）[2020-03-23].http://www.moe.gov.cn/srcsite/a13/s7061/201802/t20180208_327146.html.

[5] 里瑟琦智库. 欧内斯特·博耶：《学术水平反思》[EB/OL].（2015-05-23）[2020-04-20].http：//www.idmresearch.com/news/html/?1098.html.

[6] 习近平. 习近平谈"十三五"五大发展理念之一：创新发展篇 [EB/OL].（2015-11-10）[2020-04-20].http://cpc.people.com.cn/xuexi/n/2015/1110/c385474-27798107.html.

[7] 习近平. 习近平谈创新 [EB/OL].（2016-03-01）[2017-07-09].http://politics.people.com.cn/n1/2016/0301/c1001-28159755.html.

[8] 中华人民共和国科学技术部. 中共中央 国务院印发《国家创新驱动发展战略纲要》[EB/OL].（2016-05-19）[2020-04-20].http://www.most.gov.cn/yw/201605/t20160520_125675.htm.

[9] 徐耀强. 论"工匠精神"[EB/OL].（2018-06-26）[2020-04-20].http://theory.people.com.cn/n1/2017/0525/c143843-29299459.html.

[10] 习近平. 习近平出席全国教育大会并发表重要讲话[EB/OL].(2018-09-10）[2020-04-30]. http://www.gov.cn/xinwen/2018-09/10/content_5320835.html.

[11] 中国出版营销周报. 2019 出版社发行半年考·身处变局，如何寻求突破、提质增效？圈内人带你摸索有路径 [EB/OL].（2019-08-02）[2020-04-30].https://www.sohu.com/a/331153878_99924332.

[12] 钱颖一. 传统的、以知识为核心的教育方式，改变为"三位一体"的教学方式[EB/

OL].（2019-02-28）[2019-10-05].http://www.sohu.com/a/298151470_120063270.

[13] 中国科协，中宣部，教育部，科技部.关于深化改革 培育世界一流科技期刊的意见 [EB/OL].（2019-08-19）[2020-04-30].http://www.xinhuanet.com/science/2019-08/19/c_138320888.html.

[14] 新华网.泰晤士高等教育公布世界大学排名 清华北大领跑亚洲高校 [EB/OL].（2019-09-12）[2020-04-30]. http://www.xinhuanet.com//world/2019-09/12/c_1124990578.html.

[15] 教育部，科技部.教育部 科技部印发《关于规范高等学校 SCI 论文相关指标使用 树立正确评价导向的若干意见》的通知 [EB/OL].（2020-02-20）[2020-04-19]. http://www.moe.gov.cn/srcsite/a16/moe_784/202002/t20200223_423334.html.

[16] 邱勇.正是因清华文科的发展，清华才成为真正意义上的综合性大学 [EB/OL].（2020-04-21）[2020-04-25].https://baijiahao.baidu.com/s?id=1664512513975419987&wfr=spider&for=pc.

[17] Imperial College of Science，Technology and Medicine.Charter and Statutes 2007[EB/OL].（2007-03-30）[2020-04-30]. https://www.imperial.ac.uk/admin-services/secretariat/college-governance/charters/charter-and-statutes/.

[18] The White House. Preparing Americans with 21st Century Skills Science，Technology，Engineering，and Mathematics（STEM）Education in the 2015 Budget[EB/OL].（2016-01-12）[2019-10-14].https://www.whitehouse.gov/sites/default/files/microsites/ostp/fy_2015_stem_ed.pdf.

[19] Wiley.A Cancer Journal for Clinicians[EB/OL].[2020-03-22].https://acsjournals.onlinelibrary.wiley.com/toc/15424863/2020/70/1.

后　记

　　本书从策划到交稿耗时较长，而这段时间正是我基于工作不断思考、快速成长的关键时期。同时，也是我携团队使燕山大学《教学研究》从默默无闻到备受学术共同体认可的爬坡阶段。从一名编辑成长为副主编、学术期刊的策划者，一路走来感慨颇多。

　　作为一名高校学术期刊编辑，我一直在思考大环境下大学应该秉承何种精神办刊，才能真正地完成历史使命，这便是本书撰写之缘起。一方面，"大学者，'囊括大典，网罗众家'之学府也"，高校办刊要凸显大学"自治、自由、自律"的本质，彰显引领作用与精英意识；另一方面，高校学术期刊虽谈不上面临生存危机，但发展多处于瓶颈期，迫于评刊体系中各项指标数据的年年更新，压力非常大，一些发文和选题是不得已而为之，这也加剧了行业内部的恶性竞争，出现了学术不当、学术不端甚至学术腐败现象。

　　当前，高校学术期刊的出版数量已占国内学术期刊出版总量的半壁江山，但能跻身于世界一流期刊阵营的少之又少。本研究通过对大学与高等教育的发展历程进行梳理与回顾，明晰大学精神的演变过程。大学精神对高校学术期刊具有引领与贯穿作用，高校学术期刊通过知识、文化、精神与大学相互联结，实现对大学精神的守护。数字出版与智媒体时代，高校学术期刊要通过路径创新实现快速发展。最后，将《教学研究》近年来的创新经验予以总结与分享，以期为新时期高校学术期刊步入健康发展的快车道提供智慧。

感谢领导、同事、《教学研究》编委与学界朋友们，与我一起在办刊道路上携手探索、前行，辛勤付出，必将收获满满。感谢撰写推荐语的清华大学刘嘉教授，他是我办刊合作的知名专家，从他的身上能看到学者的时代责任感。感谢为我作序的西南大学罗生全教授，他才华横溢且谦虚，是我学习的榜样。感谢我的父母，我的先生以及可爱、懂事的郝梓赫小朋友，一直陪伴在我的左右，成为我的精神与力量之源。

最后，囿于我学术水平与能力有限，书中的不足之处在所难免，尚请各方专家多多批评指正！

孙　菊
2020 年 5 月于燕山大学